Liebe Leserin,

lieber Leser,

mit dem Blick auf den Zürichsee bin ich aufgewachsen. Eine wunderschöne Aussicht, die jenseits des Sees an Hügeln und Bergen endete. Ich mochte diesen weiten Blick, aber er beunruhigte mich auch. Warum, wurde mir erst klar, als ich den Meereshorizont zum ersten Mal bewusst wahrnahm.

Naiv gesehen, endet die Meeresfläche an dem Übergang zum Himmel, an einem Strich, hinter dem nichts mehr zu sein scheint. So sahen es jedenfalls Europäer, wenn sie vor über 500 Jahren westwärts auf den Atlantik blickten. Und die Fischer erreichten nie dieses vermeintliche Ende, denn es schien sich schlicht einfach immer weiter zu verschieben. Besaß damals der atlantische Horizont schon die gleiche Wirkung wie heute? Vielleicht zum Teil. Aber erst nachdem Ende des 15. Jahrhunderts Europa bewusst wurde, dass hinter dem Horizont eine weitere, konkrete Welt liegt, endete der reine Glaube, die Furcht vor dem Unvorstellbaren, die Unbegreiflichkeit des Unendlichen. Und das Wissen begann. Wissen macht nicht immer glücklich, und das Verdrängen ist ein erfolgreiches Mittel zum – oberflächlichen – Glück, aber das Wissen um die Dinge mildert die Angst, nimmt die Ungewissheit.

Die Befreiung von Angst bringt erst innere Freiheit mit sich und schafft Raum für kognitives Bewusstsein. Im historischen Kontext scheint mir das Wissen um die Wahrheit des Horizonts die fundamentale Voraussetzung für die Zeit der Aufklärung gewesen zu sein, für den Beginn einer bewussteren Weltanschauung. Mir persönlich bereitet diese Erkenntnis von Freiheit innere Ruhe, da ich mich geborgen fühle in Anbetracht des Horizonts – ich weiß, dass es immer weiter geht, nichts aufhört, alles möglich ist und ich nicht allein bin.

Es ist schon eine Weile her, und wir freuen uns immer noch. Anfang Oktober wurde der norwegische Autor Jon Fosse als diesjähriger Nobelpreisträger für Literatur verkündet. Im mareverlag haben wir dessen Novelle „Das ist Alise" seit 20 Jahren im Programm. Und wie der Literaturkritiker Denis Scheck zu Recht behauptet, eignet sich dieser Text besonders als Einstieg in Fosses Werk, weil er eine Reduktion aller großen Themen des Autors beinhaltet. Dieses schmale, zugängliche Buch, dessen Weltrechte mare besitzt, findet nun nicht nur unzählige neue deutschsprachige Leserinnen und Leser, sondern wir verkaufen seit der Bekanntgabe der Auszeichnung Lizenzen in viele weitere Länder. Es ist wundervoll, wenn ein so bedeutender Preis vielen Menschen einen weiteren Einblick in große Weltliteratur ermöglicht.

Viel Spaß beim Lesen wünscht Ihnen

Nikolaus Gelpke

Reportage: Eine Stadt im Ural geht im Salz des Permer Meers unter

Politik: In Viareggio sind die Superyachten der Welt zu Hause

Titel: Horizont – vom Mythos Weltenrand zur modernen Utopiegrenze

Wirtschaft: Als Hamburgs Fischhallen zum Politikum wurden

Wirtschaft: Gewagt, getan – ein Zug über die Straße von Florida

Kultur: Ein Leuchtturm wandelt sich zu einem Kulturleuchtturm

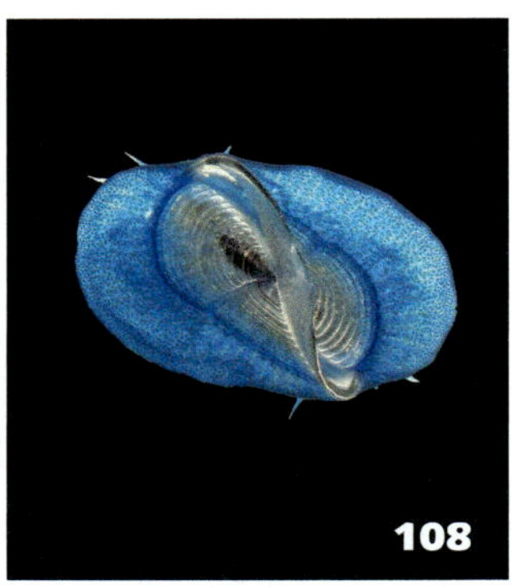

Wissenschaft: Schön bizarr – Leben in der obersten Meeresschicht

Titelbild

Das Bild der Insel Juist in der deutschen Nordsee schuf der in Lychen lebende Kunstfotograf Holger Nimtz im Jahr 2014. Er beschäftigt sich mit den abstrakten Seiten der Natur und fügt Formen und Farben zu harmonischen Kompositionen.

RUBRIKEN

Übrigens: *Ein schöner (Heft-)Rücken kann auch entzücken. Ein Fisch ist ein Fisch ist ein Fisch …*

1 ST. AUGUSTINE
Ach je, die Flitterwochen hatte sich die Dame wohl anders vorgestellt. Der Zug war damals noch nicht ganz abgefahren, doch Geschichte schrieb ihr Mann mit einer anderen Frau.
Seite 76

2 NORWICH
Wenn einen in Jugendjahren Musik umwarf, hatte man meist zu laut aufgedreht und schnell Gewitterstimmung im Haus. Der Sturm aber tobte im Kopf zweier Komponisten, die sich noch kennenlernen sollten.
Seite 92

3 PARIS
Die Teilung der Welt in ein Oben und Unten hat in diesem Fall keine gesellschaftspolitische Dimension. Und sagt doch mehr aus über die Sicht aufs große Ganze, als man auf den ersten Blick glauben mag.
Seite 52

4 ALTONA
Einst hat Henry, der eigentlich Hinrich hieß, seine früheren Kollegen aus den Kneipen gepflückt, damit sie verladen konnten, was später dort verkauft wurde, wo heute wieder gefeiert wird.
Seite 70

5 SYLT
„Yet each man kills the things he loves …" Der Mann hat Tausende auf dem Gewissen, man kann seine Opfer bis heute wohlsortiert betrachten, und selbst der Eierkönig konnte nichts dagegen tun.
Seite 104

6 VÄXJÖ
Man erforscht hier oberflächlich, wie manche es schaffen, hoch hinaus zu kommen. Denn es ruhen nicht alle Geheimnisse verborgen in der Tiefe.
Seite 108

7 BERESNIKI
Sie möchten dort nicht im Erdboden versinken, auch wenn schon vieles geschehen ist, für das sich die Verantwortlichen mehr als schämen sollten. Aber manchen Menschen ist eben nichts heilig.
Seite 12

8 NY-ÅLESUND
Das Eis hat ihm ein Lied erzählt, das eigentlich kein neues ist, auch wenn er etwas Neues daraus gemacht hat. Spielen kann man es nicht oft genug, weil immer noch nur wenige zuhören wollen.
Seite 94

No. 161 mare
Die Schauplätze

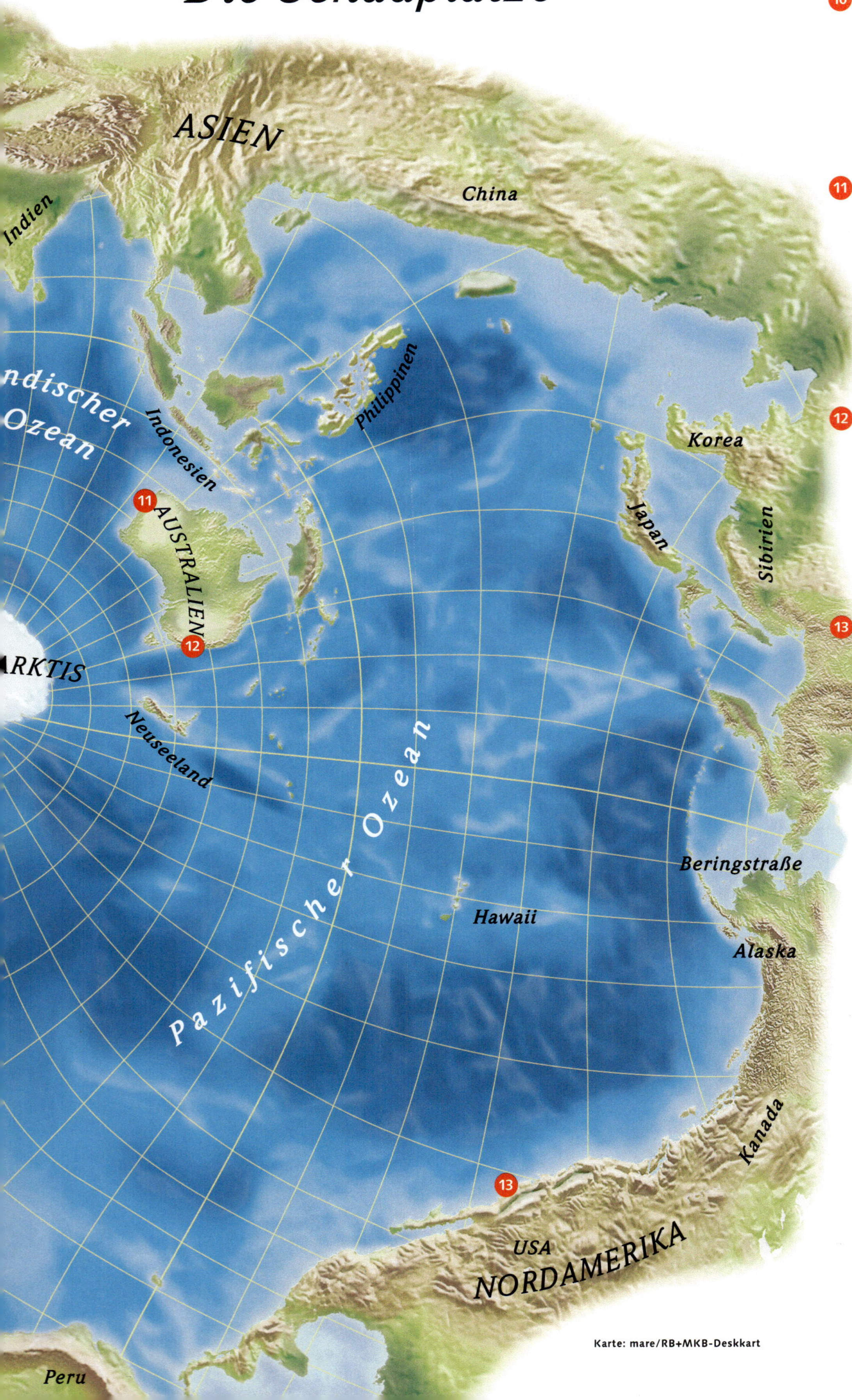

Karte: mare/RB+MKB-Deskkart

9 SANARY-SUR-MER
Sechs Zimmer, Badezimmer und saubere Toiletten, gesucht an einem der schönsten Flecken der Côte d'Azur. Es fand sich ein Haus, das Ruhe versprach, die nicht ferner hätte sein können.
Seite 32

10 VIAREGGIO
Sehen Sie nicht hübsch aus, wenn sie schlafen? So ganz und gar friedlich und unschuldig, was man von denen, die sie dort abgelegt haben, oft nicht wirklich behaupten kann.
Seite 38

11 DENHAM
Die große Fischplatte mag der Renner sein, aber sie würde sich nicht so gut verkaufen, würden nicht andere Meeresbewohner eine ungeahnte Härte beweisen, die noch keiner der Gäste bemängelt hat. Hauptsache, es ist schön warm.
Seite 68

12 SYDNEY
Das Hotel ist vergittert, sie konnten es sich nicht aussuchen, der Ort, an dem sie sich immer so wohlgefühlt hatten, war schon lange nicht mehr das, was er mal war. Na, hoffentlich klappt es wenigstens mit dem Sex noch.
Seite 125

13 SAN DIEGO
Ob die Roboter einst die Weltherrschaft übernehmen? Diese hier bestimmt nicht, denn ihre Kernkompetenz ist für unsereins ein Kinderspiel. Auch wenn wir dabei nicht so weit kommen.
Seite 126

Die mare*-Weltkarte*

Der Versuch, den Globus auf eine Weltkarte zu projizieren, quasi die Quadratur der Kugel, ist ohne Kompromisse zum Scheitern verurteilt. Und so sind es stets die Meere, die auseinandergerissen und verzerrt dargestellt werden. mare beschreitet mit seiner Weltkarte den umgekehrten Weg: Nach einer Projektion von Athelstan Spilhaus präsentieren wir die Meere und ihre Küsten so, wie sie tatsächlich zusammenhängen.

Das blaue Telefon

Ihre mare-Hotline in die unerforschten Weiten und Tiefen der Meere

Ihre maritimen Fragen können Sie per Telefon (0800/218 218 2, gebührenfrei) oder E-Mail (wat@mare.de) stellen. Diesmal antworteten Ihnen Luis Greiffenhagen und Simon Wett vom MARUM – Zentrum für Marine Umweltwissenschaften der Universität Bremen sowie Yannis Kappelmann vom Leibniz-Zentrum für Marine Tropenforschung (ZMT).

Wird der Golfstrom versiegen?

Markus Schaan, Kruft

Die Strömungen im Nordatlantik transportieren warmes Wasser aus den Subtropen nordwärts in kältere Regionen, wo sie Wärme an die Atmosphäre abgeben und wie eine Fernwärmeheizung für Europa wirken. Der Golfstrom gehört dazu. Doch kann er versiegen? Es lohnt, einen Blick auf die Begrifflichkeiten zu werfen, denn es ist nicht der Golfstrom, der netto die meiste Wärme transportiert. Er ist Teil einer horizontalen Strömung an der Oberfläche, die Wasser im Uhrzeigersinn durch den subtropischen Atlantik bewegt, der Subtropenwirbel. Er wird angetrieben durch Winde und die Erdrotation und wird daher nicht versiegen, so lange die Winde wehen und die Erde sich dreht. Da der Wirbel nur leicht kälteres Wasser wieder nach Süden transportiert, trägt er nur wenig zum Wärmetransport nach Norden und zum milden Klima Europas bei. Die wahre Fernwärme liefert die Atlantische Umwälzzirkulation, eine vertikale und horizontale Strömung, die warmes Wasser im oberen Ozean nach Norden bringt, wo es abkühlt und in der Tiefe kalt zurückströmt. Angetrieben durch Dichteunterschiede zwischen kalten subpolaren Gebieten und warmen Subtropen, kann diese Umwälzzirkulation durchaus versiegen. Hinweise sprechen dafür, dass sie sich durch den Klimawandel bereits abgeschwächt hat. Sollte sie tatsächlich versiegen, hätte dies enorme Auswirkungen aufs Klima. Zwar ist laut aktuellen Klimamodellen ein Versiegen in naher Zukunft unwahrscheinlich, jedoch sind diese Vorhersagen unsicher. Ein Kollaps kann letztlich nur durch ernsthafte Klimaschutzanstrengungen verhindert werden.

Weniger der oberflächliche Golfstrom, sondern eher die Umwälzzirkulation ist es, die Europa die Fernwärme liefert

Konnten Menschen in der Steinzeit zu Fuß die Nordsee durchqueren?

Nicole Schmidt, Bad Krozingen

Tatsächlich gab es während der letzten Eiszeit eine Landbrücke zwischen dem heutigen Festlandeuropa und Großbritannien. Damals war ein Großteil des Meerwassers in Gletschern gebunden, und der Meeresspiegel lag bis zu 120 Meter tiefer als heute. Wo jetzt eine riesige Sandbank zwischen England und Deutschland ist, die bis etwa zehn Meter unter die Meeresoberfläche ragt, lag einst das Doggerland – eine Landschaft voller versunkener Hügel, Seen und Flusstäler, die noch heute nachweisbar sind. Umso spannender ist es, dass dort in der Steinzeit auch Menschen gelebt haben. Darauf deuten prähistorische Werkzeuge, die Fischer in Schleppnetzen gefunden haben. Außerdem wurden neben Mammut- und Löwenskeletten auch menschliche Knochen am Meeresgrund entdeckt. Jäger und Sammler müssen dort ein fruchtbares Land besiedelt haben. Aber das mutmaßliche Paradies, das manche als „Atlantis der Nordsee" bezeichnen, nahm ein tragisches Ende: Mit steigendem Meeresspiegel versank es vor rund 8000 Jahren in der heutigen Nordsee, das Schicksal der Bewohner ist unbekannt. Doch Doggerland zeigt, wie sehr klimatische Veränderungen und die damit verbundene Dynamik des Meeresspiegels das Leben der Menschheit beeinflussen können. Während natürliche Zyklen zum Untergang Doggerlands führten, ist es heute der menschengemachte Klimawandel, der mit fataler Geschwindigkeit den Meeresspiegel verändert. Davon sind zum Beispiel die Bewohner der norddeutschen Halligen stark betroffen, die sich nun mit aktivem Küstenschutz gegen die Klimakrise aufstellen.

Vor 8000 Jahren, während der letzten Eiszeit, gab es eine Landbrücke zwischen Europa und England. Dann verschwand Doggerland

Die im Juni 2023 noch farbenfrohen Riffe im spanischen Mittelmeer sahen zwei Monate später karg und leblos aus. Woran kann das liegen?

Clemens Gerhard, Hamburg

Das Mittelmeer erlebte im Sommer 2023 die höchsten Wassertemperaturen, die je aufgezeichnet wurden. Wenn sie sich zu stark erhöhen, kann dies die in Riffen lebenden Korallen, Anemonen und Seegräser beeinträchtigen und teilweise absterben lassen. Dies führt dann auch zum Verschwinden vieler Fische, die zwischen Korallen und Seegras Schutz vor Fressfeinden und ein reiches Nahrungsangebot finden. Auf dem Speiseplan pflanzenfressender Fische stehen Algen weit oben, wodurch sie das Riff sauber halten und verhindern, dass sich die Algen zu sehr ausbreiten. Wenn diese Riffbewohner verschwinden, wird eine Art Kettenreaktion in Gang gesetzt: Die Riffe werden schnell von Braun- und Grünalgen überwachsen, wodurch sich ein trister Anblick bietet. Schon 2003 und 2015 erlebte das Mittelmeer Hitzewellen, die zu großflächigem Absterben von Ökosystemen führten. Nachdem die Temperaturen in den Folgejahren wieder abnahmen, erholten sich die Ökosysteme wieder. Dass die voranschreitende globale Erwärmung die Häufigkeit von Hitzewellen erhöht, könnte die Zukunft der Mittelmeerriffe nachhaltig verändern. Eine weitere Folge der Hitzerekorde ist eine hohe Verdunstung, die auch die Wetterdynamik beeinflusst. Die Unwetter, die die Mittelmeerregion Anfang September mit massiven Regenfällen und verheerenden Überflutungen heimsuchten, sind wahrscheinlich eine Folge der stark erhöhten Wassertemperaturen.

Die höchsten je gemessenen Temperaturen im Mittelmeer haben im Sommer Spaniens Korallenriffe in Wüste verwandelt

FISCH
LEDER
STORE
BY RAMONA STELZER
UNSERE
GOLD
FISCHE
designed for fish lovers!
fischlederstore.de
Schmuck & Accessoires aus Fischleder

Begraben im Salz

Ein Gebäude in Beresniki, das im Boden versinkt. Weil die Stadt am Ural auf einer Salzmine mit Tausenden Kilometern unterirdischer Stollen gebaut ist, kommt es zu gefährlichen Erdeinbrüchen

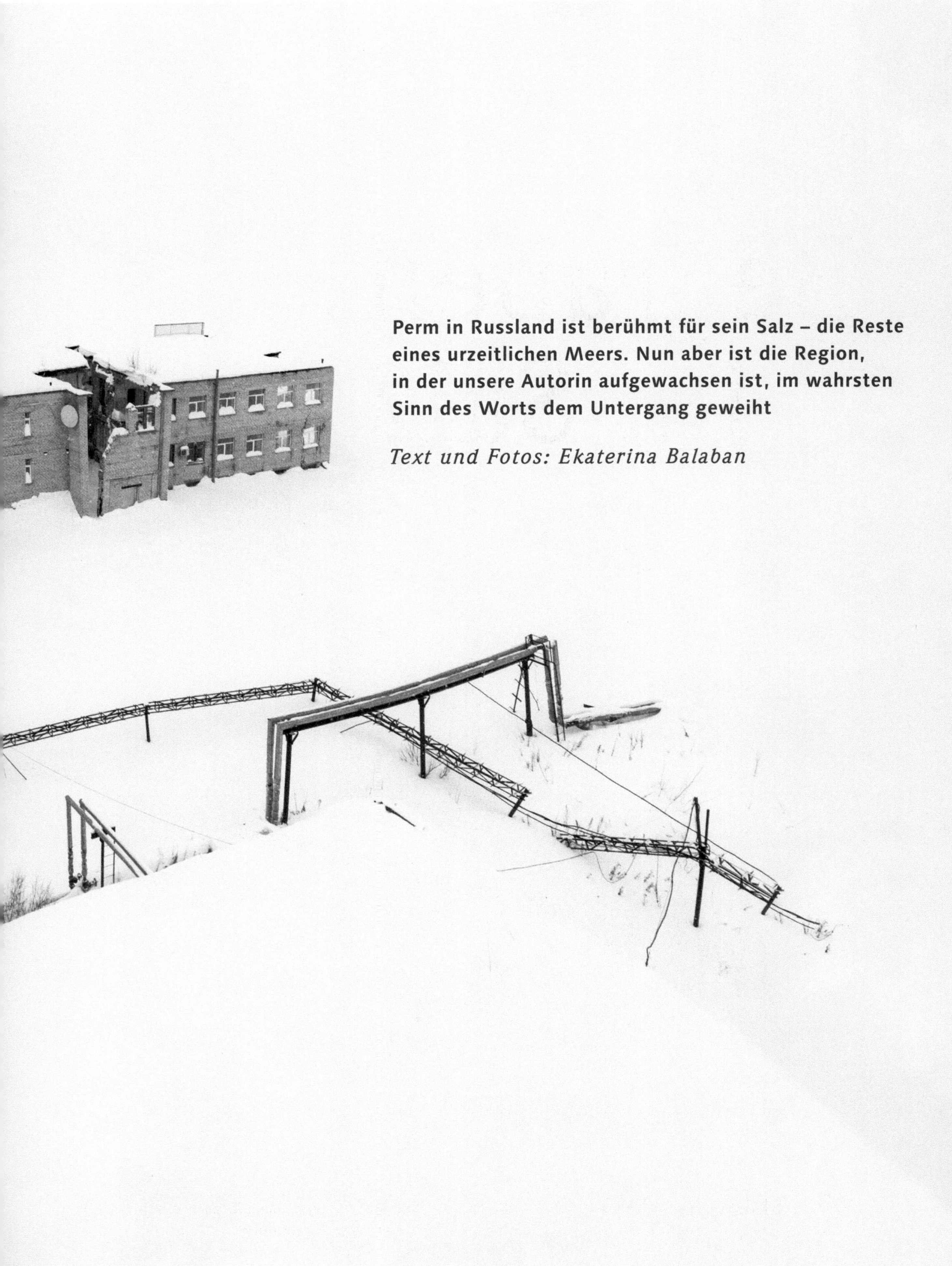

Perm in Russland ist berühmt für sein Salz – die Reste eines urzeitlichen Meers. Nun aber ist die Region, in der unsere Autorin aufgewachsen ist, im wahrsten Sinn des Worts dem Untergang geweiht

Text und Fotos: Ekaterina Balaban

WASSER DRINGT IN DIE NASE, DRÜCKT AUF DIE TROMMELfelle. Der Körper, bleischwer, scheint immer tiefer zu sinken. Ich möchte schreien, aber ich schlucke nur Wasser. Endlich zieht mich der Trainer an die Oberfläche. Mama sagt, dass ich damals mit fünf Jahren im Schwimmbad Sodowik beim Üben von Startsprüngen beinahe ertrunken sei. Seinen Namen verdankte das Bad der örtlichen Sodafabrik. In Beresniki hat fast alles mit Salz und Soda zu tun, sowohl die Entstehung der Stadt selbst als auch meine erste Kindheitserinnerung.

Salz gibt es in dieser Gegend so viel, dass auch das Wasser einiger Bäche salzig schmeckt. Seit alten Zeiten zog es Tiere und Einheimische zu den Salzquellen. Irgendwann begann man damit, Salzbrunnen zu graben und durch Verdampfung Salz zu gewinnen. So entstand im 17. Jahrhundert neben zwei Siedesalinen und der Sodafabrik auch das Dorf Beresniki.

Später stellte sich heraus, dass es hier unter der Erde ein ganzes Meer von Salz gab. 1925 entdeckten Geologen in einer Tiefe zwischen 150 und 700 Metern eine Salzschicht, die sich über 205 Kilometer von Norden nach Süden und 55 Kilometer von Westen nach Osten 500 Meter tief erstreckte. Zwischen Schichten von Steinsalz wurde auch Kalisalz gefunden. Für die Gewinnung des Kalisalzes baute man Grubenanlagen. Das Dorf Beresniki entwickelte sich zu einer Stadt, die unmittelbar über den Stollen liegt. Unter Beresniki und der nahen Stadt Solikamsk verlaufen Tausende Kilometer Tunnelgänge. Das Kalisalz aus der Lagerstätte Werchnekamensk gehört vollständig dem Konzern Uralkali.

Als ich klein war, stellte ich mir oft diese unterirdische Welt vor, denn in den Kalibergwerken arbeiteten die meisten Bewohner. In meiner Fantasie lebte die Stadt in zwei Dimensionen – in einer sichtbaren und einer unterirdischen. Die unterirdische Welt verschlug einem den Atem: Ihre Straßen funkelten in fantastischen rot-weißen Farbtönen und hatten bizarre Formen. Die unterirdische Stadt war eine, die niemals schlief; Tag und Nacht waren dort Menschen mit Lampen und wunderliche riesige Maschinen unterwegs.

Die obere Stadt dagegen erschien mir langweilig, grau und deprimierend, und überhaupt existierte sie ja nur, um jene unterirdische Stadt am Laufen zu halten. Für Abbau und Verarbeitung des Kalisalzes wurde ein gigantisches System erschaffen: Fabriken wurden aus dem Boden gestampft, Straßen gebaut, Menschen herangekarrt und die gesamte Infrastruktur angelegt, was die Menschen fest an diesen Ort band. Meine Mutter zum Beispiel unterrichtete Physik an einer Abendschule für junge Arbeiter. In der UdSSR wurde jedem Absolventen eine Stelle mit der Auflage zugewiesen, mehrere Jahre dort zu arbeiten, wohin ihn der Staat geschickt hatte. So kam meine Mutter nach ihrem Abschluss an einer Hochschule in Kasachstan in die Stadt über den Stollen im Ural.

Ursache für all das war im Grunde das Meer. Das im Ural gefundene Salz war vor 290 Millionen Jahren das urzeitliche Meer von Perm. Warm und nicht tief, erstreckte es sich vom heutigen Polarmeer bis zum Kaspischen Meer und war voller Leben – mit Wasserpflanzen, Korallen, Weichtieren und einer fantastischen Fischwelt. Am Ende des Paläozäns begann sich der Bergrücken des Urals zu heben. Das Meer zerfiel in Lagunen, wurde seicht, bis es schließlich austrocknete und enorme Mengen an Bodenschätzen hinterließ. Die Lagerstätte Werchnekamensk – jene gigantische Salzschicht, die 1925 entdeckt wurde – ist eine dieser Lagunen.

Ich bin acht Jahre alt, meine Freunde und ich rennen über den Schulhof und rufen:

„Es wogt das Meer: eins! Es wogt das Meer: zwei! Es wogt das Meer: drei! Alle Meereswesen – Tanz vorbei!" Bei „Tanz vorbei" musste jeder in merkwürdig verrenkter Pose stillstehen. ➢

Seite 14 **Eine junge Frau auf dem Salzsee Baskuntschak.** *Seite 15* **Verlassene Notunterkunft in Beresniki.**
Diese Seite **Der Eltonsee an der Grenze zu Kasachstan ist einer von mehreren Salzseen der Region**

Die Gefahrenzonen in Beresniki sind abgesperrt. Niemand darf sie betreten, es herrscht Lebensgefahr.
Die unbewohnbar gewordenen Häuser werden entweder sich selbst überlassen oder abgerissen

Mit 17 beendete ich die Schule und verließ Beresniki für immer. Die Stadt aber scheint in einem Stillstand zu verharren – und ist zu alldem noch marode. An der Stelle unseres Schulhofs gähnt nun ein riesiges Erdloch. Wegen dieses Lochs, genauer gesagt, wegen solcher Einsturzkrater, von denen es in der Stadt und Umgebung schon neun gibt, bin ich nach 20 Jahren nach Beresniki zurückgekehrt.

Als Ursachen für diese Einstürze nennt man in Beresniki sowohl die Besonderheiten der Bodenbeschaffenheit (die wasserundurchlässige Schicht über den Stollen habe sich als nicht fest genug erwiesen, um vor dem Eindringen von Grundwasser in die Salzschicht zu schützen) als auch menschliche Schlamperei (Salz wurde abgebaut, aber die Hohlräume wurden nicht versetzt). Wie verworren auch immer die Ursachen waren, der weitere Prozess war nur allzu logisch: Das Grundwasser löste die Wände der Stollen auf und führte zu ihrem Einsturz. Das Ergebnis sind gigantische Trichter an der Erdoberfläche.

Der erste Einsturz ereignete sich 1968, elf Kilometer von Beresniki entfernt. In den sowjetischen Medien wurde er nicht erwähnt, und fast niemand hatte je davon gehört. Eine rätselhafte Geschichte ging um: „Im Wald auf dem Weg zum Pionierlager gibt es einen See, der immer größer wird. Man darf sich ihm auf keinen Fall nähern." Das war alles, was ich wusste. In Wahrheit hatte es in Grube Nummer drei einen Unfall gegeben: In den Schacht drang Grundwasser ein, und es gelang nicht, es zu stoppen. Die Grube wurde geflutet und aufgegeben. Das Wasser löste Salzwände und Kuppel des Schachts auf, an der Oberfläche kam es zum Einsturz, und so entstand dieser See.

Und dann begann die Erde in der Gegend von Beresniki und Solikamsk zu beben: Von 1993 bis 2005 wurden mehr als 100 Erdbeben mit einer Stärke von zwei bis fünf auf der Richterskala registriert. In einigen Bezirken von Beresniki sackte der Boden ab, in den Häusern bildeten sich Risse. Die Situation wurde von Geologen und Geophysikern intensiv beobachtet, sie prognostizierten ein weiteres Ansteigen unterirdischer Bewegungen bis 2006. Doch Zeitpunkt und Ort wurden bei keinem der folgenden Einstürze genau vorhergesagt. Letztlich waren es noch weitere acht, alle innerhalb des Stadtgebiets.

Zum ersten Einsturz in der Stadt kam es am 29. Juli 2007. Dem vorausgegangen war ein Unglück in Grube Nummer eins, analog zu dem, das sich in Grube Nummer drei ereignet hatte. Grundwasser flutete und zerstörte die Stollen. Aber diesmal lag die Grube innerhalb des Stadtgebiets. Die Bewohner der nahen Häuser brauchten nur die Straße zu überqueren, und schon waren sie an ihrer Arbeitsstelle. Das Stollensystem befand sich direkt unter der Stadt. Der Einsturz war begleitet von einer heftigen Explosion und der Emission von Schwefelwasserstoff.

Dmitri Wdowitschenko wohnte 700 Meter von der Grube entfernt. Als er den Knall hörte, stürzte er ins Freie und sah, dass „da irgendwas rumwuselte": Aus dem Schacht kamen Ratten geflitzt und verschwanden in den erstbesten Häusern. Der Trichter mit einer Fläche von 350 Quadratmetern wuchs unaufhaltsam weiter und füllte sich mit Wasser. In der Stadt brach Panik aus. In den Zeitungen wurde regelmäßig berichtet, um wie viele Meter sich der Tagesbruch vergrößert hatte. „Das hatte was von Frontberichten", erinnerte sich Oleg Paschkow, ein Einwohner.

2017 kehrte ich mit meinem Freund in meine Heimatstadt zurück, um über diese Katastrophe zu recherchieren. Die Ausdehnung des Lochs um Grube drei betrug damals 146 000 Quadratmeter. Weitere Tagesbrüche verteilten sich im Stadtgebiet von Beresniki, darunter bei der Schule, bei Wohnhäusern und der Bahnstation (daher gibt es keine Bahnverbindung mehr in die Stadt), weitere zwei in der Datschasiedlung bei Solikamsk. ➢

Die Tagesbrüche und die Gefahrenzonen in Beresniki sind ringsum durch einen Metallzaun abgesperrt, es gibt Stacheldraht und Wachleute. Dort kommt keiner hinein. Um einen Blick über den Zaun zu erlangen, lasse ich eine Drohne steigen. Ein paar Dutzend Meter vom Einsturzkrater entfernt erkenne ich die Kirche, in der die Totenmesse für meine verstorbene Großmutter gelesen wurde. Hinter einem anderen Zaun sehe ich die Schule, auf deren Hof wir „Alle Meereswesen – Tanz vorbei" gespielt haben. Das Schulgebäude sieht aus, als habe jemand mit einem riesigen Hammer daraufgehauen: Ein Teil des Gebäudes ist eingestürzt, ebenso das Dach und ein Stück Fassade. Die Drohne schwebt über der eingestürzten Mauer, ich richte die Kamera ins Innere: Auf dem Fußboden verstreute Bücher, der Wind blättert in den Seiten. Auf dem Platz vor der Schule: ein Loch in der Erde. In dem Moment spürte ich, dass der mit dieser Stadt verbundene Teil von mir ein düsteres Echo aus der Tiefe meiner Erinnerungen aussandte und sich dann wie eine Schicht von dieser Erde loslöste und in den Orkus davonflog.

Diesseits des Zauns wohnen Menschen in unmittelbarer Nähe. Sie hoffen, dass wir ihnen helfen können, und bitten uns, die Risse in ihren Häusern zu fotografieren. Es scheint, als rüttele eine unbekannte Macht an den Fundamenten, reiße Mauern auseinander und zerstöre Wasserleitungen. Eine Reihe von Häusern gilt als einsturzgefährdet; ihre Bewohner wurden umgesiedelt. Einige Häuser wurden freiwillig verlassen. Aber viele sind noch immer bewohnt. Diese Häuser hatte die Stadtverwaltung für „eingeschränkt bewohnbar" erklärt, und die Menschen wissen einfach nicht, wo sie sonst unterkommen sollen.

In einem dieser „bewohnbaren" Häuser lebt der Rentner Michail Malzew. Einmal war in Michails Haus der Strom ausgefallen, und er sah ein grelles Licht durch den Riss in einer Wand. Es stellte sich heraus, dass der Riss das Gebäude in zwei Teile spaltet. „Manchmal sitze ich in der Küche und höre, wie Holz auf Holz klopft: tack-tack-tack. Dann senkt sich das Haus ab." Die Straße, in der Michail wohnt, stößt an den Metallzaun. Hinter dem Zaun gibt es mehrere Einstürze, unter anderem von Grube Nummer eins. In dieser Grube hat Michail 42 Jahre als Führer einer Schrämmaschine gearbeitet.

Nach und nach haben sich die Menschen an die Situation gewöhnt. „Haben Sie denn keine Angst, hier zu leben?", frage ich einen Mann an der Bushaltestelle nahe der Gefahrenzone. „Von mir bis zu dem Einsturz ist es fast ein halber Kilometer, da hab ich keine Angst", antwortet er seelenruhig. Mir scheint, das ist die Metapher für Russland: Jahr für Jahr haben sich die Menschen an die Katastrophe gewöhnt, und allmählich ist aus einem Albtraum Normalität geworden. Aber die Erde unter der Stadt ist nach wie vor in Bewegung. Seit 2017 bin ich mehrmals nach Beresniki gekommen. Jedes Mal war ich Zeugin, wie ein weiteres Haus abgerissen wurde und die Stadt sich mit Brachland überzog.

Mittlerweile hat sich mein Gefühl für diese Katastrophe verändert. Der Schock über den Anblick der gigantischen Trichter und mein Bedauern für die Menschen haben einem Verantwortungsgefühl Platz gemacht. Meine Aufmerksamkeit hat sich den Ursachen zugewendet. Die Menschen haben das zerstört, was die Natur über Millionen von Jahren gestaltet hat. Grundwasser hat das Salz aufgelöst. Das urzeitliche Permer Meer ist erwacht: Das Salz, das einst Meer war, ist wieder zum Meer geworden. Und dieses Meer hat beschlossen, die ungebetenen Gäste zu vertreiben.

Vielleicht brauchte ich nur eine Theorie, die mich innerlich mit der Katastrophe versöhnen würde, die meine Heimatstadt getroffen hat. Jedenfalls ist seitdem das Meer für mich die Hauptfigur dieser Geschichte.

Lesen Sie bitte weiter auf Seite 25

Diese Seite **Der zugefrorene Fluss Kama in Beresniki.** *Seite 22 oben* **Der Schichan Juraktau.** *Darunter* **Ein aufgegebenes Gebäude in Beresniki.** *Seite 23 oben* **Überflutete Bahnschienen.** *Darunter* **Eine Frau im Salzsee Baskuntschak**

Der Salzsee Raswal am Stadtrand von Sol-Ilezk in der Oblast Orenburg ist ein ehemaliger Tagebau – und mittlerweile ein beliebtes Touristenziel. Die Menschen kommen vor allem aus dem benachbarten Baschkirien und aus Tatarstan

Eines Tages stieß ich auf ein Schema, das die Umrisse des urzeitlichen Permer Meers auf einer modernen Karte skizzierte. Das weckte in mir den Wunsch, dieses Meer aus der Nähe kennenzulernen, und so begab ich mich auf die Reise.

In Sterlitamak bitte ich einen Taxifahrer, mich zum nächsten Schichan zu fahren. Schichane heißen in Baschkirien die drei majestätischen Hügel, die aus der Steppe ragen: Kuschtau, Juraktau und Toratau. Irgendwann einmal waren sie Riffe im urzeitlichen Permer Meer; sie bestehen aus Ablagerungen von kalkhaltigen Algen, Korallen, Skeletten und Panzern von Meeresorganismen. Die Schichane sind Wahrzeichen Baschkiriens, für viele Einwohner heilig. Die alten Baschkiren glaubten, auf dem Gipfel eines Schichans könne man der Gottheit näherkommen. Hier wurden Rituale abgehalten und Heilige bestattet. Die Erde rund um die Schichane durfte man nicht antasten und entweihen.

„Von hier aus war der nächste Schichan der Schachtau, aber den gibt es nicht mehr", sagt der Taxifahrer. „Wollen Sie trotzdem hin und sich umsehen?" Ich nicke zustimmend, und 15 Minuten später befinden wir uns auf einem Industriegelände vor der riesigen Fabrik der Baschkirischen Soda-Gesellschaft, kurz BSK. Schon mehr als 70 Jahre lang werden Sprengungen am urzeitlichen Meeresriff durchgeführt und mit Schrämen Stücke ausgemeißelt, die per Seilbahn zur Sodafabrik transportiert werden. Die Schichane bestehen aus Kalkstein, den man für die Herstellung von Soda benötigt. Fördergondeln schweben pausenlos über meinem Kopf: In die eine Richtung sind sie voll beladen, in die andere sind sie leer. Ich folge den leeren Gondeln und gelange an den Rand des Tagebaus. Von dem einst 300 Meter hohen Berg ist nichts mehr übrig, und der Grund des Tagebaus befindet sich bereits unter dem Oberflächenniveau. Die Kalksteinvorräte gehen ihrem Ende entgegen. Dieser Umstand zog 2020 die Aufmerksamkeit des ganzen Landes auf die Schichane.

Um das Rohstoffproblem der Sodafabrik zu lösen, gaben die Behörden Baschkiriens grünes Licht für den Abbau des benachbarten Schichans, des Kuschtau. Der Schichan als Lieferant von Rohstoff für die Fabrik war natürlich nicht die einzig mögliche Lösung. Baschkirien steht auf Kalkstein. Der Rohstoff ließe sich zum Beispiel von bereits existierenden Gruben kaufen. Aber die Variante, noch ein weiteres in der Nähe gelegenes Naturdenkmal in Etappen zu sprengen, erschien der BSK günstiger: So musste man keine Finanzströme umleiten und keine eingespielte Logistik ändern, die Rohstoffgewinnung verblieb innerhalb der BSK.

Im Sommer 2020 sahen die Einheimischen, dass Lastwagen und Bagger auf den Kuschtau fuhren und mit der Rodung des Walds begonnen wurde. Um den Schichan zu verteidigen, gingen Aktivisten und Einwohner auf die Straße. Als Antwort schickten die Behörden Spezialeinsatzkommandos, die BSK sandte einen Trupp schlagkräftiger Rambos. Es kam zu Zusammenstößen. Daraufhin reisten Menschen aus ganz Baschkirien an. Sie bildeten eine riesige Menschenkette, zerstörten das Zeltlager der Spezialeinsatzkommandos und versperrten den Lastwagen und Baggern den Weg. Bis zu 5000 Menschen waren zusammengekommen. Die Behörden und die Eigentümer der BSK mussten das Feld räumen. Das Vorhaben, den Kuschtau auszubeuten, wurde fallen gelassen.

Im Oktober 2021 treffe ich am Fuß des Kuschtau Rusina und Albina. Auch die beiden jungen Frauen haben ein Jahr zuvor diesen Schichan verteidigt. Sie sind keine Ökoaktivistinnen, für sie ist dieses urzeitliche Barriereriff schlicht ein zum Alltag gehörender Teil der Welt, in der sie groß geworden sind. Das Dorf Urnjak, in dem Rusina wohnt, befindet sich am Fuß des Kuschtau. Albina kommt aus Belski, einem Dorf zwischen den beiden Schichanen Kuschtau und Juraktau. „Wir sind auf dem Berg zu

Eine Diesellokomotive auf dem Baskuntschak. Die Bahnstrecke für den Salztransport verläuft mitten durch den See und wird jedes Jahr neu verlegt

Hause“, sagt Rusina. Auf den Schichanen geht man spazieren, dort trifft man sich zum Rendezvous, erlebt Sonnenuntergänge in den Schulferien oder steigt einfach zum Nachdenken hinauf. Außerdem schaffen die Schichane, wie die Anwohner sagen, ein spezielles Mikroklima für die Dörfer: Sie schützen vor Wind und Staub aus der Steppe.

„Gehen wir hinauf, wir zeigen dir dein Meer“, sagt Albina. Wir nehmen einen schmalen Serpentinenpfad, der hinauf zum Juraktau führt. Als wir uns dem Gipfel nähern, kraxeln wir schon auf allen Vieren, denn der Steigungswinkel wird immer größer. Ich klammere mich an Steine und bemühe mich, nicht nach links zu schauen – da geht es steil abwärts, und ich habe Höhenangst. Von Zeit zu Zeit heben die beiden Frauen Steinsplitter auf und zeigen sie mir. Auf den Steinen sind Abdrücke jener Welt zu sehen, die vor Hunderten Millionen Jahren existierte: von Algen, Muscheln, Fischen. Eine halbe Stunde vergeht, und auch ich beginne allmählich, das alles wahrzunehmen. Im Grunde sind es Fotografien einer sehr fernen Vergangenheit, jenes urzeitlichen Meers, und nun zeigt mir gleichsam der Berg selbst diese Aufnahmen. Schließlich haben wir den Gipfel erklommen, legen uns zwischen die Steine auf den Boden, die Arme weit ausgebreitet. Ich habe das Gefühl, das Meeresriff zu umarmen.

Mein Weg über den Grund des urzeitlichen Permer Meers führt mich weiter in den Süden des Urals und in die Kaspische Senke. Dort ragen die Salzlagerstätten aus der Erde heraus, man kann sie buchstäblich mit Händen greifen. Einer dieser Orte ist die Ilezker Salzlagerstätte in der Oblast Orenburg. Nomadisierende Kirgisen und Baschkiren gewannen hier Salz direkt an der Erdoberfläche, wofür sie nur relativ flache Gruben aushoben. Nach der Angliederung der Region an Russland Mitte des 18. Jahrhunderts wurde das Salzgewerbe verstaatlicht und eine Festung zum Schutz vor einheimischen Stämmen errichtet – die spätere Stadt Sol-Ilezk. Außerdem wurde eine bewachte Straße angelegt. Auf ihr schleppten Pferde, Ochsen und Kamele Salzbrocken nach Orenburg. Auf besagter Straße bin ich im April 2021 in einem Sammeltaxi unterwegs.

Über Sol-Ilezk kennen die meisten Menschen in Russland zwei Fakten. Erstens steht der Name der Stadt auf den Salzpäckchen, die man bei uns in jedem Supermarkt findet. Zweitens gibt es hier ein Gefängnis für besonders gefährliche Verbrecher. In dem Straflager mit dem poetisch klingenden maritimen Namen „Schwarzer Delfin“ sitzen derzeit Terroristen ein sowie Mitglieder krimineller Banden, Serienmörder und zwei Kannibalen. Die Geschichten des Gefängnisses und der Salzgewinnung sind eng verbunden. Vom 18. bis Mitte des 20. Jahrhunderts stellten die Häftlinge die Hauptarbeitskräfte in den Salzbergwerken. Salzfabrik und Straflager sind nach wie vor Hauptarbeitgeber für die örtliche Bevölkerung.

Auf der von eingeschossigen Privathäusern gesäumten Hauptstraße von Sol-Ilezk ist in jenem April kaum eine Menschenseele zu sehen. Ein Rudel herrenloser Hunde und der staubbedeckte schwarze Delfin vor dem Gefängnis begrüßen mich (die Delfinskulptur im Springbrunnen verhalf dem Gefängnis zu seinem Spitznamen). Die Straße endet im Brachland, auf dem sich drei Kamele herumtreiben. Des Weiteren ist ein Grubenturm mit dem Schriftzug „Russalt“ zu sehen, dahinter Steppe.

Doch im Sommer ändert sich alles. Die verschlafene Stadt verwandelt sich in einen lärmenden Badeort mit Riesenrad, Schaschlikbuden und einem Aquapark mitten in der Steppe. Ich lasse mich mitreißen vom Strom der Touristen (sie kommen vor allem aus dem benachbarten Baschkirien und aus Tatarstan) und lande am Strand. Vor dem Hintergrund der Grube und der Fabrik baden die Leute in zwei nicht sonderlich großen Gewässern. ➢

Der größte der hiesigen Salzseen mit dem Namen Raswal (Zusammenbruch) ist ein ehemaliger Tagebau. Der Schlammsee Tuslutschnoje (Salzbrühe) war eine Mulde, in die jahrelang das Wasser aus dem Tagebau und den Stollen gepumpt wurde. Drei weitere Seen sind das Resultat von Stolleneinbrüchen. Im Grunde ist hier das Gleiche passiert wie in Beresniki. Aber im Unterschied zu Beresniki liegt Sol-Ilezk etwas abseits der Gruben, und die Einstürze begannen ein halbes Jahrhundert früher. Mittlerweile hat man das Städtchen in einen Badeort verwandelt.

Allerdings ist dieses Gelände keineswegs ungefährlich. 1979 bildete sich am Grund des Raswalsees ein Riss, durch den alles Wasser aus dem See in einen der Stollen abfloss. Erst nachdem der Stollen vollständig geflutet und die Salzkonzentration im Wasser so hoch war, dass das Salz sich nicht mehr auflöste, füllte sich der See erneut mit Wasser. Im Sommer 2022 berichteten die örtlichen Medien, die Eröffnung eines Heilbads in Sol-Ilezk sei fraglich, da es in der Nähe wieder zu Einstürzen gekommen sei.

Wegen der Erdfälle ist der Zutritt zum Gelände um die Seen den größten Teil des Jahres verboten. Während meiner ersten Reise nach Sol-Ilezk im April 2021 gelang es mir nicht, bis zu den Seen zu gelangen. Der Wachmann erklärte mir: „Sie könnten da einbrechen, kommen Sie im Juni wieder." Im Sommer, als ich zurückkehrte, herrschten hier bereits 40 Grad, und die Erde hatte sich in einen festen, ausgetrockneten Monolithen verwandelt.

Ich wate bis zu den Knien im Wasser, die Leute baden sorglos in den Einbrüchen und drehen ihre Runden auf dem Riesenrad. Bei jedem Schritt denke ich immer nur an den unbekannten Abgrund unter meinen Füßen, und das Riesenrad kommt mir mal vor wie ein Hamsterrad, mal wie das Zifferblatt einer gigantischen Uhr, die anzeigt, wie viel Zeit uns noch bleibt.

Die Ilezker Salzlagerstätte ist nicht die einzige Spur des urzeitlichen Permer Meers in der Kaspischen Senke. Entlang der Grenze zu Kasachstan gibt es noch einige weitere unterirdische Salzkuppeln mit Seen darüber. Der Sommer ist an diesen Orten sehr heiß und regenarm, deshalb trocknen die Salzseen fast vollkommen aus und verwandeln sich in kilometerlange weiße Salzfelder inmitten der Steppe.

Über ein solches weißes Feld, den Eltonsee, laufe ich im August 2021. Es fühlt sich an, als sei unter meinen Füßen die Oberfläche eines unbekannten Planeten: eine weiße Kristallwüste, so weit das Auge reicht. Die Salzkruste formt ein bizarres Relief, hier und da begegne ich riesigen Kristallen. In einem davon erkenne ich einen Schwan. Er stürzte eines Tages in diesen See und verwandelte sich ebenfalls in einen Kristall. Salz besitzt eine fantastische Fähigkeit: Seine Kristalle können wachsen, alles, was ihnen auf ihrem Weg begegnet, in sich aufnehmen und für Millionen Jahre bewahren.

Allmählich verliere ich die Orientierung. Die Sonne steht im Zenit, das Licht wird von der kristallinen Oberfläche in alle möglichen Richtungen reflektiert, die Luft flirrt vor Hitze. Der Eltonsee liegt da, öd und leer, vor 140 Jahren hat man aufgehört, hier Salz zu gewinnen. Erst bei Sonnenuntergang, als die Farbe des Sees von einem blendenden Weiß zu Rosa und dann zu Rot wechselt, begegne ich einigen Menschen, die langsam über die Oberfläche des Salzspiegels der untergehenden Sonne entgegengehen.

Am Nachbarsee Baskuntschak ist alles anders. Hier wird seit Jahrhunderten Salz gewonnen. Früher einmal wurde es von Hand herausgebrochen, auf dem eigenen Rücken oder auf Kamelen transportiert. Heute fahren gigantische Maschinen und ein rostiger, salzverkrusteter Zug über das 115 Quadratkilometer große Salzfeld wie in dem Film „Mad Max". Sie transportieren das Salz und laden es auf einer riesigen Halde neben der Fabrik ab. Jedes Jahr ändert sich der Ort der Salzgewinnung auf dem See, und die Eisenbahnlinie wird neu verlegt. Die Gruben vom vorherigen Abbau füllen sich auf mit Grund-, Regen- oder Schmelzwasser, das sich dann in eine stark salzhaltige Flüssigkeit verwandelt. Wegen dieser Salzwasserbecken kommen Jung und Alt aus den nahen Oblasten und nutzen sie zum Baden. An Sommertagen geht es hier sehr lebhaft zu: In verschiedene Richtungen sind auf dem weißen Feld der Zug, Maschinen und nackte Menschen in ständiger Bewegung.

Am Baskuntschaksee war ich viermal, das letzte Mal im Januar 2022. Im Spätherbst und Winter bedeckt sich der See mit einer knietiefen Wasserschicht. Die Salzgewinnung kommt zum Erliegen, es wird still, die Arbeiter der Firma Russalt stapfen durchs Wasser und bauen die Schienen bis zum nächsten Frühjahr ab.

„Dieser See ist wie ein ewiger Motor", sagt mir der Ingenieur der Salzfabrik, mit dem ich auf den Förderkran über der Salzhalde klettere. Die Leitung von Russalt befand mein merkwürdiges Interesse an dem urzeitlichen Meer für harmlos und erlaubte mir daher, in Begleitung des Ingenieurs die Fabrik zu besichtigen. „Das Wasser steht in einer Wechselwirkung mit dem Salz, ein Kristallisationsprozess setzt ein, und die Salzschicht wächst auf natürliche Weise. Die Vertiefungen an der Abbaustelle füllen sich nach und nach erneut mit Salz."

Das Meer wird also ewig leben. Eher aber ohne uns.

Aus dem Russischen von Beate Rausch

Die russische Journalistin und Fotografin Ekaterina Balaban, Jahrgang 1976, reiste zuletzt im Januar 2022 in ihre Heimat, kurz vor dem russischen Angriff auf die Ukraine. Heute lebt sie im Exil in Riga. „Wenn ich mir jetzt die Fotos aus meiner Heimatstadt ansehe, sehe ich nicht nur die Stadt, sondern auch das Land, das in den Abgrund stürzt", sagt sie.

NEU
bei Tchibo
CAFFÈ
MOLINARI
ESPRESSO
Perfetto
CAFFÈ CREMA
Delizioso
CAFFÈ CREMA
Cremoso
CAFFÈ CREMA
Gustoso
TRADIZIONE DAL 1800
Amore per l'aroma.
Ab sofort gibt es für Sie – in Italien geröstet – vier aromatische
Caffè von Caffè Molinari.
Ideal für Ihren Vollautomaten oder Siebträger.
Erleben Sie jetzt La Dolce Vita – exklusiv in allen Tchibo Filialen.
TRADITION SEIT 1800

Nymphen des Meeres

Fundstücke aus Kunst und Literatur

Es gibt viele Nymphen in der griechischen Mythologie, davon zwei Arten, die das Meer bevölkern: Nereiden und Okeaniden. Sie sind Naturgeister in Frauengestalt, wohlgemerkt, ohne den Fischschwanz der Nixen. Die Nereide Galatea ist das Sehnsuchtsobjekt eines Kyklopen, der im Gemälde der italienischen Malerin Lavinia Fontana (1552–1614) ein deutliches Auge auf sie wirft. Fontana war vermutlich die erste Frau, die Akte malte, ihr Angetrauter war ihr Assistent und Hausmann. Marie Eugenie Delle Grazie (1864–1931), österreichische Schriftstellerin des Realismus, lässt die Wesen aus dem Meer in ihrem Gedicht zum Sinnbild der Ruhe werden, die der Mensch im Ozeanischen finden kann. Theodor Fontane (1819–1898) wollte offenbar gleich eine ganze Novelle schreiben über eine Dame, die zwischen Wasser und Land mäandert. Ein handschriftlicher Entwurf immerhin ist davon erhalten geblieben. *mw*

Marie Eugenie Delle Grazie
Nereïden

Goldschaum'ge Wogen rauschen
Wir singend an den Strand –
O komm, hinabzulauschen,
O schmieg dich in den Sand –
In den silberglitzernden Sand!

Der Tiefe Märchen flüstern
Wir leis' – ganz leis' dir zu;
Dein Herz wird krank und lüstern
Noch schrei'n nach ihrer Ruh' –
Ihrer lichtverlorenen Ruh' …

Da oben sengt das Leben
Dir Leib und Seele wund –
Wen uns're Arme heben
Und schaukeln, wird gesund –
Wird von Licht und Leben gesund!

O komm, o laß dich tragen
hinab, wo's dämmernd blaut:
Wie Mövenflügel schlagen
Die Fluthen dir um's Haupt –
Um das arme, fiebernde Haupt …

Theodor Fontane
Aus: Oceane von Parceval

Es war stille See geworden. Oceane nimmt Abschied von der Mutter in ruhiger Heiterkeit. An den Strand. Sie blickt von dem Badesteg hinaus, einzelne weiße Kämme blitzten auf. Sie hat ein Gespräch mit der Badefrau und ein paar anderen jungen Damen. Diese folgen ihr mit dem Auge. Sie sahen sie, wie sie bis zu dem ersten und zweiten und dritten Raff (Sandbank) schwamm, und dann war es, als ob Wellen tanzten. Waren es Wellen? Wohl, wohl, was sonst. Oder war es ein Delphin? Und sie schwamm weiter, und sie sahen die grüne Kappe, die sie trug. Und nun schwund sie. „Sie macht eine Biegung." Eine Stunde, und sie war noch nicht zurück. Der Tag ging, ein anderer kam, Oceane war fort.

In ihrer Briefmappe fand sich ein Brief, an den Helden adressiert. „Ich gehe fort. Es war doch recht, das mit dem Elementaren. Es fehlte mir etwas für die Erde, dessen ich bedarf, um sie zu tragen. Ich hatt' es nur gefühlt; als ich Dich sah, wußte ich es. Ich geh nun unter in dem Reich der Kühle, daraus ich geboren war. Aber auch dort die Deine.

Oceane."

Lavinia Fontana

„Galatea und Cherubim reiten auf einem Seeungeheuer durch die stürmischen Wogen“, circa 1590, Öl auf Kupfer, 46,5 mal 35,5 Zentimeter, Privatbesitz

INS PARA-DIES VER-TRIEBEN

Im Frühjahr 1933 fanden der Schriftsteller Thomas Mann und seine Familie in Sanary-sur-Mer an der südfranzösischen Côte d'Azur für einige Zeit ihr Exil. Bald lebten in dem Küstenstädtchen so viele geflohene deutsche Autoren, dass es zur „Hauptstadt der deutschen Literatur" ausgerufen wurde

Von Dirk Liesemer

Lion Feuchtwanger sitzt vor den Regalen seiner Bibliothek in Sanary, neben ihm Ehefrau Marta.
Linke Seite unten **Sanary-sur-Mer, Postkarte um 1933**

NOCH MONATE SPÄTER WUNderte sich Thomas Mann. „Wie merkwürdig!“, sagte er zu seinem Kollegen René Schickele. „Man verlässt sein Vaterland, um in Amsterdam und Paris über Richard Wagner zu sprechen, und als man zurückwill, ist es einem davongelaufen.“ Am 11. Februar 1933, nur zwölf Tage nach der Ernennung Hitlers zum Reichskanzler, waren Thomas und Katia Mann zu einer Vortragsreise ins Ausland aufgebrochen. Und dort, in Sèvres bei Paris, erfuhren sie von ihren beiden ältesten Kindern Erika und Klaus, was seine Wagner-Rede bewirkt hatte: Es gab einen Haftbefehl und eine Kampagne gegen ihn, den Nobelpreisträger. Sie sollten bitte nicht in ihr Haus in München zurückkehren, drängten Klaus und Erika.

Die Eltern hielten sich daran, verbrachten einige Zeit, wie ohnehin vorgesehen, mit den beiden jüngsten Kindern Elisabeth und Michael in Lugano in der Schweiz. Dort erreichte ihn auch ein Brief des Kollegen Schickele, der ihnen von einem Ort in Südfrankreich vorschwärmte. „Es gibt eingesessene Deutsche in Sanary, aber das sind lediglich Sonnenanbeter, die meisten kennen wir nicht, und die wir kennen, sehen wir nicht.“ Thomas Mann schrieb, er brauche ein Haus mit sechs Räumen, ferner Badezimmer und saubere Toiletten.

Erika und Klaus Mann reisten den Eltern voraus an die Côte d’Azur und halfen Schickele bei der Suche. Das kokette Geschwisterpaar hatte bereits 1931 einen im ironischen Plauderton verfassten Reiseführer über die Küste veröffentlicht. „Sanary scheint zunächst durchaus das freundliche und intime Hafenstädtchen, wie es deren an der Riviera viele gibt“, heißt es darin. Tatsächlich handele es sich um den Sommertreffpunkt der pariserisch-berlinerisch-schwabingerischen Malerwelt sowie der angelsächsischen Boheme. Die Stimmung sei einzigartig, und das Gelächter der Menschen in den Straßencafés mische sich mit dem Schmunzeln der südfranzösischen Spießer, die ihren Aperitif an der Bar genössen. Die Frauen trügen eine leichte und schöne Sommeruniform, worunter weite Matrosenhosen, runde Mützen sowie breit gestreifte, kurzärmelige Trikotsweater zu verstehen seien. Ihre hymnische Reisebeschreibung gipfelte in dem prophetischen Satz: „Diese Sanary-Sommer werden in die Kunstgeschichte eingehen (und vielleicht auch in die Chronique scandaleuse der großen europäischen Boheme).“

Jetzt allerdings sorgten sie sich um die Eltern, besonders um den Vater. Einer Freundin schrieb Klaus Mann: „Die nächsten Wochen werden wir wahrscheinlich in Sanary sein, wo sich die armen Eltern etwas mieten wollen; (für den Zauberer ist es ja besonders scheußlich – er kann nicht umhin, sich irgendwie verantwortlich für Deutschland zu fühlen, und eigentlich kann er ja auch ohne Deutschland nicht leben).“

Als Thomas und Katia Mann mit den beiden jüngsten Kindern am 10. Mai

ankamen, war noch keine Unterkunft gefunden. Sie mieteten sich deshalb im „Grand Hôtel" im nahen Bandol ein. Dort kehrte sechs Tage später auch der ältere Bruder Heinrich ein. Für ihn, der Frankreich seit Langem bewunderte, war der Sprung ins Exil ein kleiner. Seine größte Enttäuschung war, wie er schon 1931 im geliebten Nizza festgestellt hatte, dass es an der Côte d'Azur keine Modebäder mehr gab. „Die junge, bewegliche Welt ist überall und nirgends, gestern beim Tennisturnier in Cannes, morgen in Monte Carlo zu den fabelhaften Autorennen."

Thomas Mann haderte die ersten Tage heftig. Alles sei „schäbig, wackelig, unkomfortabel und unter meinem Lebensniveau". Wenigstens fand Katia ein hübsches Haus etwas außerhalb von Sanary auf einer Anhöhe mit weitem Blick über das Mittelmeer. Die erhabene Aussicht aufs azurblaue Wasser dürfte ihn an sein Haus in Nidden erinnert haben. Die „Villa Tranquille", in die sie Anfang Juni an seinem 58. Geburtstag einzogen, gehörte der Schwiegermutter des deutschen Botschafters in Kairo, was Thomas Mann sehr passend fand, weil er an einem Roman schrieb, der in Ägypten spielte. Es war zudem ansprechend eingerichtet und im günstigen Preis sogar eine Hausangestellte inbegriffen. Dass seine Vermieter als Agenten den Hafen von Toulon ausspionierten, sollte er nie erfahren.

Während sich die 15-jährige Elisabeth und der 14-jährige Michael sofort wie in den Sommerferien fühlten, gewöhnte sich ihr Vater erst allmählich ein. Zwar empfand er das Klima als „höchst liebenswürdig", seinen Geist jedoch als träge. Zu seiner Freude zog in der Villa schräg gegenüber ein Münchner Bekannter ein: sein einziger Duzfreund, der jüdischstämmige Schriftsteller Bruno Frank mit seiner Frau Liesl. Sie hatten in der Nacht des Reichstagsbrands ihre Flucht beschlossen.

Unzählige Intellektuelle verließen in diesen Monaten die Heimat. Fast alle brachen dabei ohne große Vermögen in die Fremde auf. Einige wanderten wie Else Lasker-Schüler nach Palästina aus, andere zog es nach Sanary-sur-Mer, wovon einer dem anderen berichtete. Immerhin lag es nicht allzu weit von der Heimat entfernt. Man hätte also rasch zurückkehren können, wenn Hitler denn wie all die Kanzler vor ihm bald wieder verschwunden wäre. Und so kamen mit der Zeit insgesamt 68 Künstler und Schriftsteller, darunter Lion Feuchtwanger, Annette Kolb, Bertolt Brecht, Erich Maria Remarque und später auch Franz Werfel und Alma Mahler nach Sanary mit seinen damals gut 4000 Einwohnern.

Einige blieben nur kurz, andere Jahre. Klaus Mann und Sybille Bedford sollten den Exilort in ihren Novellen verewigen, andere verfassten hier ihre wichtigsten Romane. Und während NS-Propagandaminister Goebbels über den „Kadaver auf Urlaub" schimpfte, sprach der Philosoph Ludwig Marcuse, der für sechs Jahre blieb, von der „Hauptstadt des Exils".

Lion und Marta Feuchtwanger (in der Mitte) mit Freunden am Felsenstrand von Sanary

Thomas Mann
an der Terrassentür seiner „Villa Tranquille“. Hier in Sanary kaufte er sich einen Peugeot und kleidete sich neu ein. Im Tagebuch notierte er: „Ich glaube, daß wir in diesem Hause glücklich sein werden. Zunächst tut die private Existenzform mir unendlich wohl, nach dem Hotel-Dasein von 4 Monaten“

Für Thomas Mann verlief der Sommer ’33 erstaunlich unbeschwert. Morgens schwamm er im Meer, schrieb nach dem Frühstück an seiner Joseph-Tetralogie, las nachmittags Zeitung, und abends saß er im Korbstuhl auf der Terrasse und schaute zu den Sternen. In dieser Routine, notierte er in einem Brief, habe er den Helden seines nächsten Buchs schon an den Hof bei Theben geführt. Jetzt beobachte er gespannt, wie sich die Geschichte weiterentwickle. Bald las er den ersten Teil seiner Tetralogie Korrektur und bereitete alles für den Druck sowie die Übersetzungen vor. Anders als üblich hielt er im Tagebuch nicht einmal mehr Tiraden über alles und jeden. Sogar auf einer Kirmes ließ er sich mit Katia, Golo und Erika sowie Freunden in der Attrappe eines Luftschiffs fotografieren, als wollte er das Klischee des Unnahbaren widerlegen.

Am 2. Juli kam Golo Mann. Wochenlang hatte er sich um den Familienbesitz in München gekümmert und es geschafft, 60 000 Mark von den Konten des Vaters abzuheben. Doch Golo hielt Abstand zu den Eltern, von denen er sich zu wenig angenommen fühlte. Stattdessen weilte er im zehn Kilometer entfernten Bandol im Haus des amerikanischen Reiseschriftstellers William Seabrook und dessen Gefährtin, der Autorin Marjorie Worthington. Er musste keine Miete zahlen und konnte in Ruhe an seiner Doktorarbeit über Hegel schreiben, ohne sich zu sehr über seinen Vater aufzuregen, den er in politischen Fragen für einen „unwissenden Magier“ hielt. Zuweilen unternahm er mit Onkel Heinrich, den er ebenfalls als naiv betrachtete, einen Spaziergang am Meer. „Er tut mir wirklich leid, trägt sein Schicksal mit viel Würde, ja selbst mit Charme“, hielt Golo fest.

Sein Gastgeber, ein promovierter Philosoph, liebte die intensiven Gespräche mit dem 25 Jahre jüngeren Golo Mann. Und dieser genoss nicht nur die Aufmerksamkeit, sondern traf im Haus der Amerikaner auch viele andere Exilanten. Denn sein Gastgeber war ein Dandy und Draufgänger, berühmt geworden mit Büchern über Voodoo und Kannibalismus. „Bei Seabrooks Festen brauchte man nach Sinn nicht zu suchen, er lag in der Sache selbst, zumal in der ausschweifenden Bewirtung.“ Schon nachmittags wurde mehr ausgeschenkt, als es die förmlichen Deutschen vertrugen.

So viele Flüchtlinge lebten bald in Sanary, dass sie sich ständig begegneten. „Wenn man sich hier in ein Café setzt, schwapp, sitzt eine gestürzte Größe neben einem“, berichtete Golo Mann, während Hermann Kesten allgemeiner notierte: „Im Exil wird das Café zu Haus und Heimat, Kirche und Parlament, Wüste und Wallstadt, zur Wiege der Illusionen und zum Friedhof.“ Und Franz Schoenberner, letzter Chefredakteur des Satireblatts „Simplicissimus“, hielt über die Künstler fest: „Sie bildeten

kleine Inseln oder wenigstens Korallenriffe in dem weiten Ozean der allgemeinen Gleichgültigkeit."

Es war eine Schicksalsgemeinschaft. Literaturmillionäre wie Thomas Mann und Lion Feuchtwanger unterstützten ihre verarmten Kollegen, deren Bücher nicht übersetzt wurden, keineswegs nur mit guten Worten, sondern oft mit Geld. Häufig kam man zu Lesungen zusammen. Feuchtwanger stellte bei Keksen, Obstsalat und Riesling seine „Geschwister Oppermann" vor, Schickele „Die Witwe Bosca", Bruno Frank hatte die „Politische Novelle" dabei, Thomas Mann las aus „Der junge Joseph". Trotz aller Ungezwungenheit bestand der Nobelpreisträger auf festen Sitzordnungen. Erst viel später, in Kalifornien, flogen die viel zitierten Tiraden umher. Brecht titulierte Mann dann als „Stehkragen", der sich dafür mit „Das Scheusal hat Talent" revanchierte.

Von Woche zu Woche veränderten sich die beiden ältesten Kinder der Manns, die mutige Erika und der eher sensible Klaus. Waren sie bislang reisende Bohemiens, wandten sie sich nun entschieden der Politik zu. Klaus Mann arbeitete an einem Zeitungsprojekt, das er „Die Sammlung" nannte. Sie sollte die Stimmen der Exilanten vereinen und zweimal im Monat mit schöngeistigen wie polemischen Beiträgen erscheinen.

Ein Verleger zeigte sich bald interessiert. Für eine Vorbesprechung kam Fritz Helmut Landshoff aus Amsterdam angereist, ein eleganter 32-jähriger Mann mit dunklem Haar, in den sich die junge Elisabeth im Nu unglücklich verliebte. Kaum war die Zeitschrift beschlossen, sammelte Klaus Mann erste Beiträge ein, darunter einen Text des ebenfalls in Sanary lebenden Aldous Huxley, später auch von Stefan Zweig, André Gide und von seinem

Landschaft nahe der „Villa Valmer". Dort lebten die Feuchtwangers in den 1930er-Jahren und hielten Salons ab

Onkel Heinrich. Sein Vater jedoch blieb reserviert. Thomas Mann betrachtete das Projekt wohlwollend, wollte aber seinen deutschen Verlag nicht verlieren.

Bereits nach wenigen Monaten trennten sich die Wege der Manns wieder. Sohn Klaus zog nach Amsterdam, wo Langhoffs Verlag war. Und als im September die erste Ausgabe der „Sammlung" erschien, waren auch die Eltern dabei, das Haus in Sanary zu verlassen. Kurz hatte man überlegt, anderswo an der Côte d'Azur unterzukommen, ehe Erika einen Ort bei Zürich auswählte, Küsnacht, wo sie die nächsten Jahre blieben. Dort sprach man Deutsch und vor allem lag auf einer Schweizer Bank noch eine überraschend große Menge Geld, 200 000 Franken, die Hälfte des Nobelpreises. Einige Wochen weilte auch Golo in Küsnacht, ehe er zu Vorlesungen nach Paris und dann nach Rennes aufbrach.

An Silvester 1933 blickte Thomas Mann auf Südfrankreich zurück. Er sollte zwar nie wieder nach Sanary reisen, aber die Zeit dort erschien ihm „im Rückblick als die ‚glücklichste' Etappe dieser 10 Monate", fast sehnte er sich zurück „nach meiner kleinen Stein-Terrasse am Abend, wenn ich darauf im Korbstuhl saß und die Sterne betrachtete". 1936 schrieb er seinem Bruder: „Für Frankreich kann man nur Liebe und Bewunderung empfinden."

Heinrich Mann hatte Bandol mit seiner Nelly Kröger ebenfalls im Herbst verlassen. Sie lebten im geliebten Nizza, wo sie ab Herbst 1934 in einem Haus mit Hermann Kesten und Joseph Roth sowie deren Gefährtinnen wohnten. Hin und wieder reiste er zu seinem Freund Lion Feuchtwanger nach Sanary.

Einer aber kam noch mehrmals für jeweils einige Wochen nach Sanary: Klaus Mann bezog regelmäßig im „Hôtel de la Tour" ein Zimmer, um dort im Rausch an Texten zu arbeiten. So schrieb er an seinem „Mephisto", nachdem er sich vom Apotheker vor Ort Eukodal, ein starkes Opioid, hatte geben lassen. Dann wieder langweilte er sich, nahm den Zug nach Marseille oder Toulon, wo er sich mit Schnaps volllaufen ließ und Dealer wie Stricher aufsuchte.

Einmal geriet er dabei in einen Hinterhalt. Im einem höchst fehlerhaften Zeitungsbericht las er anschließend, ein gewisser Thomas Klau, 30 Jahre, deutscher Staatsbürger, Angestellter im „Hôtel de la Tour", sei jemandem ins Quartier Réservé gefolgt, wo er am rechten Auge verletzt sowie der Brieftasche und 30 Franc beraubt worden sei. „Das ist reizend", kommentierte Klaus Mann beruhigt, „ein Glück, dass alles falsch ist, sonst würden die Nazi-Blätter es mit so viel Wonne übernehmen."

Südfrankreich sollte sein Schicksal werden. 1949 starb er in einer Pension in Cannes an einer Überdosis Schlaftabletten. Ein tragischer Tod, wie er ihn in seinem Roman „Treffpunkt im Unendlichen" von 1932 beschrieben hatte. Darin verübte eine seiner Hauptfiguren einen Suizid in einem Zimmer in Nizza. Zuletzt heißt es in dem Roman: „Das Geräusch des Meeres hebt die Zeit auf. Auf unserer Erde das einzig Geräusch, in dem der Atem der Ewigkeit ist. Die Zeit – aufgehoben. Freiheit."

Autor Dirk Liesemer, Jahrgang 1977, sprach in Sanary-sur-Mer auch mit Frido Mann, der es bezeichnend fand, wo sich dessen Großvater Thomas dort ein Haus gemietet hatte: auf einer Anhöhe mit Blick auf das Meer – ähnlich wie zuvor in Nidden an der Ostsee und später in Pacific Palisades in Kalifornien.

YACHT GRÜNDE

Nirgends sonst auf der Welt werden so viele Superyachten gefertigt wie in dem toskanischen Küstenort Viareggio. Die Luxusschiffe prägen das Stadtbild, gerade jetzt im Winter, wenn sie an Land lagern wie, ja, wie was eigentlich? Wie Kultobjekte? Was ist überhaupt eine Superyacht? Und warum wollen manche Menschen sie unbedingt haben?

Text: Christian Schüle Fotos: Stefano Morelli

Superyachten sind per Definition

mindestens 30 Meter lang. Nach Branchenschätzungen stammen rund 40 Prozent der Weltproduktion aus Viareggio

Im Jahr 1928 führte die „New York Times“ zum ersten Mal das Wort „Superyacht“ ein, um das damals 600 000 Dollar teure Schiff des US-amerikanischen Unternehmers und Multimillionärs Vincent Astor, das der Erbe einer berühmten Familie von Deutschland von der Kieler Friedrich Krupp Germaniawerft nach New York überführt hatte, als bisher nie da gewesenes Luxusobjekt zu bezeichnen. Der Titel des „Times“-Artikels vom 23. September lautete „Super-Yacht-Ära mit neuem Astor-Schiff angebrochen“. 14 Jahre später überließ Astor sein Schiff der US Navy – als USS „Nourmahal“ im Dienst der Küstenwache betrieben, im Zweiten Weltkrieg gegen jenes Land, in dem die Yacht einst gebaut wurde.

Eine Superyacht braucht heute mindestens 30 Meter Länge, um als Superyacht zu gelten. Alles darunter ist nur Yacht. Eine offiziell verbindliche Definition gibt es zwar nicht, wohl aber eine inoffizielle Übereinkunft von Bootsbauern, Yachtmaklern und Organisationen wie der International Superyacht Society. Um den Status einer Superyacht reklamieren zu können, muss sie über die Länge hinaus zudem im Privatbesitz sein und eine professionelle Besatzung an Bord haben.

Eine Superyacht kennzeichnet, dass die Besitzer nichts tun, während die Crew alles zu tun hat – kochen, servieren, putzen, navigieren, Motor überwachen. Superyachten, notierte im April die „New York Times“, die das Wort vor fast 100 Jahren erfand, seien „schwimmende Villen auf den Meeren“. Im Gegensatz zur Immobilie ist das Schiff jederzeit mobil und in seiner Mobilität permanent flexibel. Die Villa ist verortet, die Superyacht unverortbar (jedenfalls, sofern das Identifikationssystem AIS ausgeschaltet ist).

Vor 20 Jahren begann die Superyacht schon bei einer Länge von 24 Metern, Superyacht zu sein. Die sechs Meter Längendifferenz bezüglich ihrer Definition zeigt auf eindrückliche Weise die unaufhörliche Überschreitung aller Verhältnisse, wie sie im Wort „super“ angelegt ist. Die olympische Steigerungslogik des Schneller-Höher-Weiter hat in den vergangenen 30 Jahren zu einem Hyperkapitalismus geführt, dessen Währung nicht mehr Geld, sondern der Superlativ ist. Im Verhältnis der Schiffslängen von unter 30 zu über 30 Metern spiegelt sich im Lauf eines Jahrhunderts nicht nur die Steigerung von der Yacht zur Superyacht, sondern auch vom Millionär zum Milliardär. Das finanzielle Gewicht der Superyachtindustrie wird auf gegenwärtig 25 Milliarden Dollar geschätzt, und die jährlichen Ausgaben für die weltweit 6000 in Betrieb befindlichen Superyachten könnten die gesamte Schuldenlast aller sogenannten Entwicklungsländer tilgen.

Der französische Soziologe und Politikwissenschaftler Grégory Salle hat in seinem Buch „Superyachten“ dem Luxus des Maritimen im „Kapitalozän“ nachgespürt, wobei der Begriff „Kapitalozän“ aus der Feder des US-amerikanischen Geohistorikers Jason W. Moore stammt und sich als Alternative zum „Anthropozän“ versteht. Warum? Weil das Anthropozän dem Menschen an sich und insofern der gesamten Menschheit die Schuld an der Klimakrise zuweist, wohingegen deren Haupttreiber nach Moores Sicht nur bestimmte Klassen in bestimmten Ländern des globalen Nordens seien.

Ein Gespräch mit Grégory Salle findet via Zoom statt, vormittags. Salle sitzt in seinem Büro. Er ist ein entspannter, nachdenklicher Mensch, der, wie er sagt, per Zufall zum Thema kam, während der Arbeit an einer soziologischen Studie über die Halbinsel von Saint-Tropez, als ihm plötzlich eine verstörende Ballung vor der Küste und im Hafen ankernder Luxusyachten auffiel.

mare: Monsieur Salle, in den vergangenen 30 Jahren hat sich die Zahl der Superyachten auf weltweit 6000 versechsfacht. Der Luxusyachtsektor hat die Finanzkrise 2007/08 wie auch die Covidpandemie überstanden. Ende 2021 wurde verkündet, dass mehr als 1000 Superyachten in Auftrag gegeben worden seien. Wird aus einer Nebensache für eine Handvoll Superreicher gerade ein neuer Trend?
Grégory Salle: Der Superyachtboom spiegelt den ungebrochenen Aufstieg einer gesellschaftlichen Mikroklasse wider, einer sehr kleinen Zahl exorbitant vermögender Menschen, deren Reichtum zusammengenommen größer als das Bruttoinlandsprodukt kleiner Staaten ist.

Es geht bei Superyachten ja um etwas anderes als nur Gier. Der Ehrgeiz der Superreichen, etwa 350 000 Menschen weltweit, scheint der Vergleich. Repräsentiert die Superyacht die Rivalität unter Superreichen um den Superlativ?
Ich sehe das so. Und zur Rivalität der Besitzer kommt noch die Rivalität der Ingenieure, Architekten und Designer. Sie wetteifern darum, die außergewöhnlichste Armatur einzubringen, die beeindruckendste technologische Feinheit, die wertvollste Ausstattung und so weiter. In letzter Zeit gibt es noch einen weiteren Aspekt: den Wettbewerb sowohl der Eigner als auch Hersteller, die ökologisch am meisten akzeptierte Superyacht zu bauen und zu haben.

Was auch daran liegen könnte, dass eine neue Generation an Eignern eine höhere Sensibilität für ökologische Fragen hat?
Die neue große Wette geht jetzt darauf, welche Superyacht künftig die geringste Verschmutzung und den spritsparendsten Motor besitzt. Aber das ist nichts als Greenwashing.

Der größte Luxus einer Superyacht besteht in der Möglichkeit zur doppelten Distinktion: zur Exklusivität wie zur Exklusion. Exklusivität im sozialen Abstand zur Welt der gewöhnlichen Menschen, Exklusion im räumlichen Abstand zur gewohnten Welt. Das garantiert höchstmögliche Unabhängigkeit und ein sehr hohes Maß an Freiheit. Die Superyacht wird zum Symbol einer transnationalen Flüchtigkeit des Kapitals; ihr Besitzer schwebt über allen niederen Umständen und kann sich aus allen kulturellen Zusammenhängen und sozialen Verantwortlichkeiten nehmen. Der unbeabsichtigte Zynismus dieser Erhaben- und Überlegenheit liegt in der Ironie des Zufalls, dass sowohl der Superreiche vor den Zumutungen des Ge-

Rechte Seite oben **Bei Benetti wird auch nachts gearbeitet. Zu den Kunden der Werft zählen Stars wie Cristiano Ronaldo.**
Darunter **Im Winter werden die Boote mit großen PVC-Planen umhüllt, um sie vor der Witterung zu schützen**

wöhnlichen über die Meere flüchtet, wie es zeitgleich auch der um sein Leben fürchtende Flüchtling tut. Es ist ja nicht auszuschließen, dass sich eine Superyacht und ein Schlauchboot auf dem Mittelmeer begegnen – und dennoch es ist unwahrscheinlich, da der bevorzugte *milk run* der Superyachten nicht zwischen Libyen und Lampedusa, sondern in den „Goldenen Dreiecken" zwischen Côte d'Azur, Golf von Genua und Sardinien im europäischen Sommer und zwischen Florida, den Bahamas und Barbados im europäischen Winter verläuft. Denkwürdigerweise hatte genau dort die Piraterie der armen Seeleute ihre goldenen Zeiten.

Schon die antike Ethik kannte das Immer-mehr-als-andere-haben-Wollen und nannte dieses offenbar unstillbare Streben nach Steigerung und Anhäufung Pleonexie. Der Weg von der Pleonexie zum Superlativismus führt durch ein Jahrhundert radikal beschleunigter Steigerung. 1999 legten der Soziologe Luc Boltanski und die Wirtschaftswissenschaftlerin Ève Chiapello eine Untersuchung vor, in der sie die ideologische Transformation des kapitalistischen Geists über das 20. Jahrhundert hinweg erforschten. Der erste Geist brachte Boltanski und Chiapello zufolge als zentrale Figur den „Bourgeois" hervor, dem es nicht um Größe und Sichtbarkeit seines Reichtums ging. Es handelte sich im Wesentlichen um den „Familienkapitalismus" in einer noch traditionellen Gesellschaft, der Wert legte auf Weitergabe und Vererbung des Vermögens an die nächste Generation. Der zweite Geist produzierte als zentrale Figur den „Direktor" in einem vornehmlich nationalen „Konzernkapitalismus", der um eine Riege herausgehobener Führungskräfte herum organisiert war. Der dritte Geist schließlich repräsentiert die Figur des Superreichen in einem transnationalen Hyperkapitalismus. Geprägt ist er – unter Einsatz jeweils neuester Technologien ab Mitte der 1980er-Jahre – von einem „beträchtlichen Machtzugewinn multinationaler Unternehmen", die sich permanent umstrukturieren, um global handeln zu können.

Monsieur Salle, viele Länder steigen jetzt offenbar in den Superyachtboom ein und verändern ihre Infrastruk-

Grünstreifen mit Schiff. Wer durch Viareggio spaziert, bekommt die schönsten Yachten oft unerwartet zu Gesicht

tur. Am Golf von Oman, am Persischen Golf, in Dubai, Abu Dhabi, Kuwait, Bahrain, Katar, den Malediven, Brasilien, Indien, selbst in Russland und China wurden große Yachthäfen gebaut, an denen die neuen Super- und Megayachten mit ihren derzeit über 100 Meter Länge anlegen können. ***Könnte man von einem kommenden Megayachtjahrhundert sprechen?***
Zumindest von einer Ära. Die Superreichen leben nicht abgeschirmt in einer Blase, sie sind sichtbar. Und das hat Auswirkungen – auf die Art von Restaurants, die es in den Hafenstädten gibt, auf die Art der Nachtclubs, die Größe und Ausrichtung der Bootswerften, den lokalen Wohnungsmarkt und die steigenden Preise für die Bevölkerung. Sie können diese Entwicklung derzeit vor allem in Ost- und Südeuropa sehen, in Kroatien, Griechenland oder der Türkei, wo es gerade einen Aufschwung der maritimen Ökonomie mit vielen neuen Arbeitsplätzen gibt.

Wenn immer mehr Staaten ihre Infrastruktur nach den Bedürfnissen eines Hyperkapitalismus ausrichten – wird der herkömmliche Tourismus dann nicht teilweise verdrängt?
In der Region Saint-Tropez gibt es seit Neuem einen Trend: Einige Restaurants akzeptieren nur noch Gäste, die dort einen bestimmten Geldbetrag lassen. Zudem wird auch eine bestimmte Höhe an Trinkgeld erwartet. Erst wenn das geklärt ist, werden Sie von den Restaurants akzeptiert. Ich halte das für beunruhigend.

Seit Mitte des 19. Jahrhunderts, vornehmlich mit Beginn der industriellen Revolution in England, ist Kapitalismus im Grunde eine einfache Rechnung: die Erwartung von Gewinn durch Ausnutzung von Tauschchancen. Der Super- oder Hyperkapitalismus unserer Tage ist darüber längst erhaben: Er braucht keine Tauschchancen mehr. In ihm wird nicht mehr getauscht. Gewinn reproduziert Gewinn ohne reale Güter.

Nach dem Zweiten Weltkrieg bestand das Mantra der Steigerungslogik im Aufstieg aus den Ruinen: Auferstehung, Wirtschaftswunder, Wohlstandssicherung. Dann reichte das Prinzip „Aufstieg durch Stabilität“ nicht mehr, die Logik der Steigerung erfasste den Geist des Kapitalismus, und schließlich musste es die grandiose Übersteigung sein: Prunk, Pracht und Siegerkult. Der alte Reichtum des Industriezeitalters repräsentierte sich seit je durch Pomp und Partys wie auch durch die Grandiosität seiner Villen und Landgüter – hinter Mauern und Gärten versteckte Luxusvillen, schwer zugänglich, auf weiter Flur oder am Hang gelegen. Der neue Hyperkapitalistenreichtum durch schiere Kapitalrendite aber fand neue Formen seiner Selbstdarstellung nach außen, obwohl die Superreichen unter sich bleiben. Die Superyacht wurde nicht nur ein Vehikel zur Fortbewegung über das Meer, sondern das Vehikel zur Erscheinung auf dem Meer. Will der Eigner sich separieren, verschwindet das Boot in der Unsichtbarkeit der Meeresweite; will er sich zeigen, erscheint die Superyacht aus der Tiefe des Raums, als wäre sie eine göttliche Verheißung.

Mit den Superyachten wird die Sichtbarkeit des Superreichtums augenfällig – eine Superyacht im Hafen von Saint-Tropez liegt ja ganz bewusst dort. Besteht der Unterschied von Yacht und Superyacht in der Länge des Schiffs, zeigt sich der Unterschied zwischen Reichen und Superreichen in der Inszenierung ihres Wohlstands. Die sichtbare Unsichtbarkeit nachts verhüllter Yachten hingegen kommt der Ironie dieser Inszenierung gleich. Und die durch politische Sanktionen zum Teil beschlagnahmten Superyachten russischer Oligarchen erfahren seit Beginn des Ukrainekriegs einen Widerspruch in sich. Die teuersten Boote der Welt sind jetzt immobil, festgesetzt, auf andere Art wertlos: Die scheinbar totale Freiheit zur Separierung ist so beschränkt, dass auch ihre Besitzer nicht mehr sichtbar sind.

Die nahezu perfekte Schönheit des Designs (zu einem beträchtlichen Teil italienischer Bootsbauer), die ästhetische Magie eines formvollendeten, in großer Eleganz die Meere durchpflügenden Schiffs – es ist eine mobile Gated Community, die zu kontrollieren niemand die Macht hat. Gigantisch. Grenzenlos. Geradezu transzendent.

Wie kein anderes Wirtschaftssystem basiert der Kapitalismus auf religiösen Motiven. Eine Münze hat die Form einer Hostie, und auf den Dollar-Scheinen steht „In God We Trust“. 1921 notierte der Kulturphilosoph Walter Benjamin in einem legendär gewordenen Fragment: „Im Kapitalismus ist eine Religion zu erblicken, das heißt, der Kapitalismus dient essentiell der Befriedigung derselben Sorgen, Qualen, Unruhen, auf die ehemals die sogenannten Religionen Antwort gaben.“ Es gebe keinen Wochentag, fährt Benjamin fort, der nicht ein Festtag im „fürchterlichen Sinne der Entfaltung allen sakralen Pomps“ wäre. Die religiöse Struktur des Kapitalismus besteht im Kult permanenter Anbetung – nicht eines unsichtbaren Gottes, sondern einer sichtbaren Ikone: der Yacht. Insofern ist der Kapitalismus ein Kult ohne Dogma. In seinem Fall resultiert aus dem Glauben nicht Reue, sondern Rendite, nicht seelische Erlösung, sondern spirituelle Leere.

Monsieur Salle, eine durchschnittliche Superyacht emittiert Ihren Angaben zufolge im Jahr 7020 Tonnen CO_2, mehr als 1400 Menschen zusammen. Aber der CO_2-Ausstoß ist bisher nicht illegal. Liegt im Fall der Superyacht dennoch ein Verbrechen gegen das Ökosystem vor? Könnte man von „maritime crimes“ sprechen?
Interessanterweise war dieser Begriff, als man ihn in den 1980er-Jahren zum ersten Mal aufbrachte, nicht auf Umweltschäden bezogen. „Maritime crime“ wurde im Zusammenhang mit organisiertem illegalem Glücksspiel auf Booten und Yachten genutzt. Seit etwa 20 Jahren gibt es eine andere Dimension, wenn man von „water crime“ spricht: Überfischung zum Beispiel, Ölverklappung und Midnight-Dumping verbotener Stoffe in die Ozeane. Ich schlage vor, die Definition des „maritimen Verbrechens“ künftig auch auf die Zerstörung des wichtigen Neptungrases, Fachbegriff Posidonia, *zu beziehen.* ➢

Rechte Seite oben **Azimut Benetti, Sanlorenzo, Overmarine, Picchiotti, Codecasa, Rossinavi und Perini Navi – die Hallen von Viareggios Werften ähneln sich.** *Darunter* **Jeder Meter Yacht kostet etwa eine Million Euro. Das ist die Faustregel**

PENNY MARKET

Perini Navi ist spezialisiert auf Luxussegelschiffe. Ex-Präsident Berlusconi und Medienmogul Murdoch haben hier eingekauft

Was aber keineswegs allein durch Superyachten, sondern durch allerlei Boote und Fahrzeuge geschieht, deren Anker eine große Gefahr für Neptungraswiesen sind. Der Verkehr auf den Meeren nimmt seit Jahren zu. Zur Zeit werden Gigayachten von über 200 Meter Länge geplant und womöglich bereits gebaut. Ein Ende der Steigerung scheint nicht in Sicht. Nun gibt es manche Ideen, gegenzusteuern. Um den Boom der Superyachten zu bändigen, wurde etwa vorgeschlagen, die Yachtindustrie neu auszurichten und für andere Ziele zu nutzen. Halten Sie diese Idee der wachstumskritischen „Degrowth"-Bewegung für sinnvoll und umsetzbar?

Die Idee von „Degrowth" basiert auf der Überlegung, die Größe bestimmter Produktivitätssektoren zu verkleinern oder zu transformieren, dass die Fertigkeiten und Fähigkeiten der Arbeiter anders genutzt werden. Den Sektor einfach gesetzlich zu schließen, wenn das überhaupt ginge, halte ich für keine gute Idee. Die Arbeiter würden zu Recht aufbegehren, es geht ja um ihre Jobs. Aber warum nicht viel kleinere Boote ohne Motoren bauen? Und warum nicht Yachten zu Segelschulen für Kinder umbauen?

Wie immer in seiner Geschichte arbeitet der Kapitalismus permanent an der Zerstörung seiner bisherigen Strukturen. Ein neues Produkt kannibalisiert das alte. Die Logik der Steigerung braucht immer neue Grenzen, um sie zu überschreiten.

Seit Kurzem nun hat die Superyacht eine hyperkapitalistische Konkurrenz bekommen: die Rakete. Für Abstand, Exklusion und Rückzug wollen die Superreichen künftig die Erde und ihre Meere verlassen. Sie stürmen den Himmel und erobern das All. Während immer mehr Menschen über die Böden und Meere flüchten, flüchtet die Hyperbourgeoisie in naher Zukunft in den Kosmos. Die Marsmission ist die Fortführung der Superyacht, die religiöse Auffahrt wird wörtlich genommen. Während aber die Zündung der zweiten Stufe des Kapitalozäns nur eine Frage der Zeit ist, gedeiht seit letztem Jahr auf dem Meeresgrund vor Marseille gezielt wiederangepflanztes Neptungras offenbar prächtig.

Christian Schüle, Jahrgang 1970, studierte Philosophie, Soziologie und Politische Wissenschaft in München und Wien und lebt als Autor, Essayist und Publizist in Hamburg. In seinen Büchern widmete er sich auch den Themen Gerechtigkeit, Heimat, dem Sinn des Reisens und immer wieder den Erscheinungsformen des Kapitalismus. Bei zufälligen Begegnungen mit Superyachten stellte er bei sich selbst tatsächlich eine verstörende Faszination fest.
Stefano Morelli, ist 1979 in Viareggio geboren und lebt dort als freier Fotograf. Immer schon war er von der „ruhigen Schönheit der ruhenden Yachten" seiner Heimatstadt fasziniert, besonders in den Wintermonaten, während er seine Abendspaziergänge in der Stille der verlassenen Werften unternahm. „Mit meiner Kamera als Werkzeug versuchte ich, die unausgesprochene Poesie und die fesselnden Geschichten dieser schlafenden Boote zu enthüllen."

Stockholm: schmeckt nach Zimt, duftet nach Kaffee

EIN KUSSMUND FÜR SÜDSCHWEDEN

Trotz der schier endlosen Weite des Landes liegen Kulturgenuss und Naturerlebnis in Schweden nah beieinander. Um in die faszinierende Vielfalt des Landes einzutauchen, ist der Seeweg eine spannende Option.

ALTER SCHWEDE!

Wie schön kann ein Land eigentlich sein? Wälder und Seen, feinsandige Strände und bizarre Klippen, charmante Städte voller Geschichte, Legenden und spannender Kultur – an der Schönheit Südschwedens kann man sich einfach nicht sattsehen.

All das vereint Göteborg: In Boutiquen und Cafés pulsiert das Leben, während vor der Stadt am Kattegat Astrid Lindgrens ländliche Idylle und die Göteborger Schärenwelt verzaubern.

An der Ostküste, im sanften Blau der Ostsee, liegt Stockholm auf 14 kleinen Inseln. Die Hauptstadt verbindet eine jahrhundertealte Geschichte mit moderner urbaner Kultur und spektakulärer Natur. Szeneviertel wie das trendige Södermalm hier, historische Bauwerke und schmale Gässchen dort und vor der Küste abermals verträumte Schärenlandschaften – ein Anblick fast wie im Märchen. Wie gut, dass AIDAmar auf der Route „Skandinavische Städte mit Stockholm" zwei Tage in der Hauptstadt festmacht, ehe Visby im Naturparadies Gotland auf dem Plan steht. Eine große Portion Entdeckerglück und berühmte skandinavische Gastlichkeit gibt es auch in Oslo, Århus und Kopenhagen – den weiteren Zielen der Reise.

DIE GANZ GROSSE ERLEBNISVIELFALT

Im Juni und Juli 2024 können Sie Südschweden bequem auf einer Kreuzfahrt ab/bis Warnemünde entdecken – unser Tipp für alle, die einzigartige Naturerlebnisse lieben und das Land aus unterschiedlichen Perspektiven kennenlernen möchten. Alle Informationen gibt es auf *aida.de*

ZUM REINSCHNUPPERN:
Jetzt scannen und inspirieren lassen!

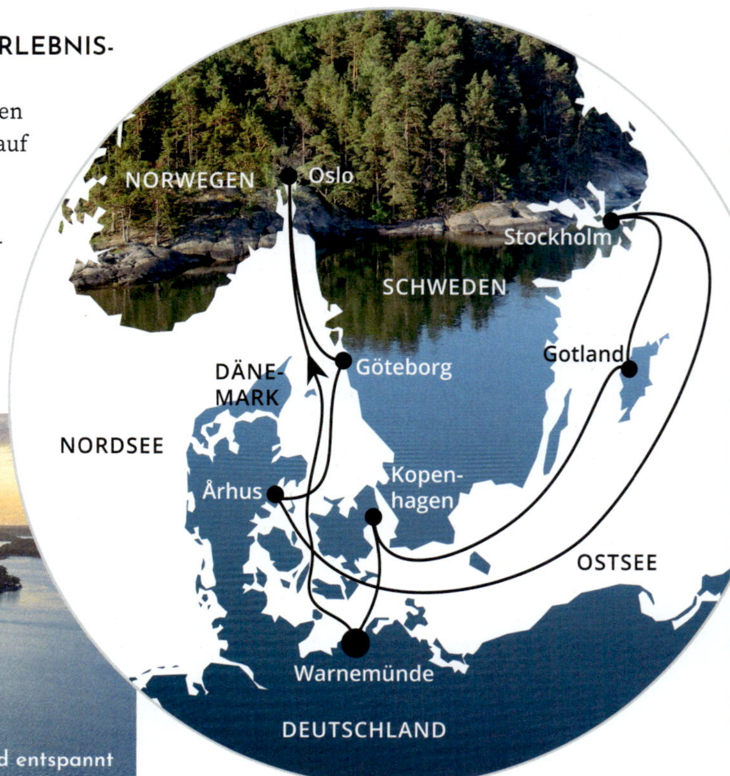

Bequem und entspannt per Schiff reisen

Einmal zu sich selbst und zurück

Der Mythos des geläuterten Rückkehrers von langen Reisen scheint unsterblich. Es sind die Narrative der Unterhaltungs-, der Reise- und der Webindustrie, die ihn am Leben halten

Von Larissa Kikol

Die Reise ist das Ziel! Ein kurzer Satz, der seit Jahrtausenden schon viel erzählt hat. Dabei geht es hier es um mehr als um einen bloßen Ratschlag. Ein ganzes philosophisches, spirituelles und psychologisches Konzept steckt dahinter, von antiken Mythen über Erzählungen der Romantik bis zu zeitgenössischer Literatur und für die breite Masse angelegte Selbstoptimierungstipps. Wer hat nicht schon alles auf der Reise, also auf dem Weg gelernt? „Hoffe, dass der Weg lang sei / Voll Sommermorgen, wenn du, / Mit welchem Vergnügen, mit welcher Freude, / In bisher unbekannte Häfen einfährst", schrieb der griechische Dichter Konstantinos Kavafis zu Beginn des 20. Jahrhunderts über den Mythos der Insel Ithaka, zu der ein Mann aufbricht, um auf seiner Reise weise zu werden.

Viel hat sich daran bis heute nicht geändert. Reisende suchen – und das besonders oft auf dem und an dem Meer – nach Klarheit, Entscheidungswillen zur Lebensänderung, Selbstbewusstsein, Ichwerdung, Weisheit. Alles in allem nach einer besseren Version des eigenen Selbsts. Die Reise als kultureller Topos über die eigene Entwicklung ist so verbreitet, dass auch Veranstalter sie als Marketing aufgreifen, ob es nun um Mitsegeltörns geht, Work-and-Travel-Programme, Au-pair-Aufenthalte, Kreuzfahrten oder die EasyJet-Welle. Wer irgendwie unzufrieden ist und sich selbst suchen will, der sollte reisen. So lautet die große Erzählung.

Falsch ist das wohl nicht, sonst hätte dieser Stoff nicht Jahrtausende für immer neue Versionen und Ausschmückungen gesorgt. Buddha, genauer: Siddhartha Gautama, musste Jahre als Wanderer leben, um zu Weisheit und philosophischer Einsicht zu gelangen. Und der Mythos von Ithaka geht auf den griechischen Dichter Homer zurück, der um die Wende vom achten zum siebten vorchristlichen Jahrhundert das Epos des Königs Odysseus schrieb. Dieser kehrt nach einem Krieg zurück in seine Heimat, allerdings dauert die Schiffsreise, die ihn über viele Inseln und Häfen nach Hause führt, zehn Jahre, eine Irrfahrt, während der er unglaubliche Abenteuer erlebt, die ihn stärken.

Heute bedienen sich Reality-TV-Serien munter des Mythos des (See-)Reisenden, der nach seinen Abenteuern gewandelt zurückkommt. Natürlich auf anderem Niveau – auf diese Art werden neue Frisuren etabliert, neue Modestyles vorgeführt, dazu neue Berufswünsche und frische Energie für Intrigen und Skandale. Oft ist die „Wandlung" derart plump, dass es bestenfalls als Trashwitz durchgeht.

Etwas weniger oberflächlich gründet der zeitgenössische Autor Paulo Coelho seine Romane auf dem Narrativ der Reise, während der Wahrheiten über Leben, Sinn und elementare Erkenntnisse gewonnen werden. In seinem Bestseller „Der Zahir" sucht ein Ehemann seine Frau, die unerwartet und wortlos verschwunden ist. Als der Mann endlich einen Hinweis bekommt, wo sie sich aufhält, geht er nicht sofort zu ihr, um Antworten zu finden. Er begibt sich vorher auf eine Reise zu sich selbst, um ihr später geläutert gegenüberstehen zu können. Passenderweise zitiert auch Coelho das Ithaka-Gedicht des reisenden Seefahrers zu Anfang seines Romans.

Und natürlich kann das alles klappen, kann das immer weiter vererbte Versprechen eingelöst werden. Auf einer Seereise, auf einem Segelboot im Meer kann man sich finden. Man kann von seinem Gewohnheits-Ich Abstand nehmen, es kritisch reflektieren, man kann sogar mit Änderungen anfangen. Man spürt sich selbst plötzlich präsenter und intensiver, weil das Selbst nicht mehr in seinen eingefahrenen Rollen im Beruf, in der Familie, im Freundeskreis, in der Nachbarschaft oder in der Beziehung eingewebt ist. Kann es sich aus diesen Strukturen lösen, ist es freier zugänglich und formbarer, bereit für die eigene psychologische Arbeit an sich selbst.

Auf der geografischen Reise kommen auch die Erfahrungen hinzu, die man meistert und überlebt. Letzteres gilt nicht zwangsläufig für konkret lebensbedrohliche Situationen, sondern im Sinn eines Durchlebens und Mitnehmens in zukünftige Lebensabschnitte. Das kann mit einem Sprung vom Felsen ins Meer beginnen, auch ein Tauchgang, ein Segelschein oder die Selbstversorgung durch Fischfang helfen sicherlich. Durch all dies entsteht neues Selbstbewusstsein. Daran ist zunächst nichts kritikwürdig.

Problematisch wird es aber dann, wenn der Reisemythos und die persönlichen Ziele vereinfacht und verkürzt werden und am Ende zu einem vermeintlichen Überlegenheitsgefühl führen. Mit Verkürzung ist hier aber nicht der zeitliche Rahmen gemeint, sondern die Vorstellung, dass solche Ziele einfach oder sogar automatisch erreicht werden. Waren es vor einigen Jahrzehnten noch Spanien oder Griechenland, die als fremdartige Reiseländer galten, sind heute Ozeanien, Fernost oder Südamerika für viele junge Menschen und Reiselustige geläufige und – überraschenderweise – auch schnell abzusteckende Ziele.

Es sind meist einige Wochen, die dort verbracht werden. Feiern, Abenteuer, Event, aber auch Naturerleben und Kulinarik sind wichtige Bausteine, aus denen sich der Aufenthalt zusammensetzt. Das meiste davon wird für die eigenen Accounts auf

Reisende suchen – und das besonders oft auf dem oder an dem Meer – nach Klarheit, Entscheidungswillen zur Lebensänderung, Selbstbewusstsein, Ichwerdung, Weisheit. Alles in allem nach einer besseren Version des eigenen Selbsts. Wer irgendwie unzufrieden ist und sich selbst sucht, der sollte reisen. So lautet die große Erzählung.

den sozialen Medien festgehalten – das heißt: das, was am meisten hermacht. Die Außenrepräsentation hat sich fest als Reisebegleiter eingeschlichen und somit eine Introspektion erheblich erschwert. Getan wird oft das, was fotogen ist. Statt die Zeit zu nutzen, sich selbst zu befragen, wird die Frage, wie andere die eigene Reise rezipieren, immer wichtiger. Mit dem einstigen Reisemythos, mehr Weisheit zu erlangen, hat dies nicht mehr viel zu tun.

Mit Abstand der größte Umschlagplatz für kulturelle Narrative und die Entstehung von Helden sind derzeit die sozialen Medien. Beobachtet man die Profile der bekanntesten Reiseinfluencer auf Instagram, wird eine deutliche Tendenz sichtbar: Es geht um perfektes Aussehen, Mode, Interieurs, Luxus, gesunde Ernährung, Sport und das Gut-gelaunt-Sein an allen Reisezielen, ganz überwiegend an exotischen Stränden. Es wird über positive Mindsets gesprochen, über Fitness oder Yoga um fünf Uhr morgens, über die tägliche Zubereitung von Smoothies, den Kauf regionalen Gemüses, und man sieht glückliche Paare, die sich immer gut verstehen. Geld – und damit ist nicht das Nötigste gemeint – ist immer vorhanden und spiegelt sich im Lifestyle. Gerade die Zurschaustellung der finanziellen Lebensausstattung scheint auch schon das jüngere Publikum zu beeindrucken. Von Schulabgängern oder Studenten, die vor einigen Jahren noch auf Fähren reisten und nicht geplante prekäre Übernachtungsorte stolz als Abenteuer empfanden, hört man zunehmend weniger.

Gerade die Reise ist damit zum finanziellen und ästhetischen Statussymbol geworden, getragen auf einem Sockel von Fröhlichkeit und gutem Aussehen. In diesem Narrativ wird auf vieles andere verzichtet, am meisten aber auf das Gefühl der Demut: Eine Influencerin drehte ein Video von sich in einer teuer anmutenden Strandunterkunft und sprach darüber, dass hier auch Depressionen verschwinden würden. Darauf regte sich Widerspruch in ihrer Community. Ihr wurde vorgehalten, Depression zu verklären und als ernsthafte Erkrankung, die nicht mal eben im Urlaub am Meer geheilt werden könne, zu verkennen, zumal viele Betroffene eben auch nicht das nötige Geld für einen derart komfortablen Luxusurlaub haben. Zu Recht kam diese Kritik auf, denn bei dieser Narration handelte es sich wiederum um eine Verkürzung des Mythos.

Denn auch Schwierigkeiten, Tiefpunkte und seelische Strapazen spielen eine Rolle. Die odysseischen Ungeheuer müssen nicht in jeder Bucht, sie können auch in der Seele lauern. Hiermit ist auch die geistige Reise gemeint, ganz gleich, ob sie auf einem Ozeandampfer oder auf dem heimischen Sofa stattfindet. Je mehr von einer Reise erwartet wird, umso schwieriger wird sie sein. In allem Wissen, dass der wirkliche Kampf danach, also zu Hause, auf einen wartet. Und dieser dramaturgische Teil ist nicht weniger wichtig, im Gegenteil.

Das lernt man auch an der Geschichte des Lukas Haitzmann. Er stellte 2019 den Weltrekord als jüngster Atlantikruderer auf, mit 18 Jahren – ein gefährliches Vorhaben, und das auch noch in größter Einsamkeit. Dem Psychologen und Podcaster Leon Windscheid erzählte er seine Geschichte, über unvorstellbare, körperliche Strapazen und die Suche nach sich selbst. Nur zunächst überraschend ist das Ende der Geschichte. Damit ist nicht das Ankommen an Land gemeint, sondern das Leben danach.

Denn nach der Atlantiküberquerung, seinem großen Sieg, habe er kein Ziel mehr gesehen. Viele alltägliche Freuden hätten in ihm nichts mehr ausgelöst. Fast ein halbes Jahr sei er depressiv gewesen, habe er keinen Grund mehr gesehen aufzustehen – er musste ja nicht mehr rudern. Windscheid fragte ihn, ob die Reise nicht auch eine Art Davonlaufen gewesen sei, weil er möglicherweise schon zuvor orientierungslos gewesen sei. Das Rudern, so Windscheids Vermutung, habe Haitzmann einen Kompass geboten, dazu klare Strukturen und Aufgaben: Schlafen, Rudern, Essen, Überleben. Haitzmann antwortete darauf mit einem klaren Ja. Mittlerweile habe sich seine Lage gebessert, er studiere und könne auch wieder die kleinen Dinge des Lebens genießen, ein Teil der Depression sei aber noch vorhanden.

Es scheint, als habe eine (Abenteuer-)Reise nicht nur positive Einflüsse auf das Leben danach. Die Heimkehr und der folgende Alltag bleiben wohl immer noch die größte Herausforderung. Eigentlich ist es die schwierigste Reise im Leben.

Larissa Kikol, geboren 1986, ist promovierte Kunstwissenschaftlerin und arbeitet als freie Kunstkritikerin und Hochschuldozentin. Sie schreibt unter anderem für „Kunstforum International", „Monopol Online", „Die Zeit", „art", „Die Kunstzeitung", „Spiegel Online" oder „Halle 4". Ihr jüngstes Buch „Nutzt die Kunst aus! Eine Einladung. Über Engagement und Kulturwerkzeuge" erschien 2023 beim Verlag Kettler.

Jahresabo

Das Jahresabo kostet im Jahr 67,50 € und ist nach einem Jahr jederzeit kündbar. Sie dürfen sich aus allen bereits erschienenen Heften 3 gratis aussuchen, die Ihnen gleich zugeschickt werden. Die Übersicht finden Sie auf Seite 122/123. Den Bildband und/oder den Kalender können Sie einfach zum Sonderpreis mitabonnieren.

Der **mare**-Kalender

Die ganze vielfältige Schönheit des Meeres – in 12 magischen Bildern gebannt.
Format: 82 mal 58 Zentimeter.
Im Abonnement zahlen Sie für den Kalender nur 40 € statt 49 €.
Alle Monatsmotive finden Sie online unter www.mare.de/mare-shop/kalender.

Geschenkabo

Das Geschenkabo kostet 67,50 € im Jahr. Mit der in diesem Heft beiliegenden Geschenkabo-Karte können Sie mare-Hefte und den Bildband und/oder Kalender auch praktisch verschenken. Ein Dankeschön in Form eines mare-Handtuchs wählen Sie auch gleich auf der Karte.

Der **mare**-Bildband „Lofoten“

von Andrea Gjestvang.
Mit einem Text von Dimitri Ladischensky.
Format: 30 mal 26 Zentimeter, 132 Seiten.
Im Abonnement zahlen Sie für den Bildband nur 49 € statt 58 €.

HORIZONT

Von Albrecht Koschorke

Himmelsgrenze, Weltenrand, Kimmlinie, mathematisches oder ästhetisches Phänomen – die Kulturgeschichte des Horizonts ist auch die der Aufklärung der Menschen

Mit dem Horizont hat es eine eigene Bewandtnis. Rein rechnerisch, als perspektivische Fluchtlinie, hat es ihn schon immer gegeben. Auf Bildern erscheint er aber erst im Ausgang des Mittelalters. Hat man ihn nicht gesehen, oder hat man ihn nur nicht gemalt? Die mittelalterlichen Sakralgemälde gehorchen eigenen Regeln, sie ordnen Figuren gemäß der ihnen zukommenden Bedeutung hierarchisch übereinander, in aufsteigender Linie von den Gläubigen über die Heiligen hin zu Gott. Oder sie lenken als „Wanderlandschaften" den Blick von einer Szene zur anderen, ohne jedoch zwischen ihnen einen einheitlichen Bildraum entstehen zu lassen. Für Ferne im räumlichen Sinn hat diese Kunst keine darstellerische Verwendung.

Wer nach der Vorgeschichte des Horizonts fragt, bevor daraus ein Bildmotiv wurde, gerät auf eine doppelte Spur. Die eine führt in die Kosmologie. Das Rund des Blicks von erhöhter Warte übersetzt sich hier in eine Vorstellung vom Rand der Welt. Bis ins hohe Mittelalter hinein und im Volksglauben noch lange darüber hinaus ist die mythische Auffassung wirksam, derzufolge der Himmel als ein Schleier, Zelt, Vorhang oder als ein Gebäude aus Kristall ringsum auf der damals noch als Scheibe gedachten Erde aufruht. Der von Himmelswölbung und Erdscheibe gebildete Raum war nicht hermetisch nach außen verschlossen. Es gab Durchlässe sowohl durch die Erde hindurch als auch am Himmel, an dem die Sterne manchmal als Lichtöffnungen, die Milchstraße als Naht oder Gürtel gedeutet wurden. Bei vielen Völkern war zudem der Glaube verbreitet, dass sich der Himmelsrand periodisch hebt und senkt und dabei am Erdrand einen Spalt zur anderen Welt entstehen lässt. Man erklärte aus dieser Bewegung die Herkunft der Winde und lokalisierte das Land, in dem die Zugvögel

Damien Daufresne, Mer Égée, 2016

überwintern, hinter dem Himmelssaum. Es gibt Volkssagen, in denen ein Held durch List nach außen gelangt und die obere Seite der Himmelswölbung erklettert, sich also auf eine Reise hinaus aus der irdischen Sphäre begibt.

Der Rand der Erdfläche nahm in der Fantasie der alten Völker und Stammeskulturen einen hohen Stellenwert ein. „Dort sind von der dunklen Erde und dem nebligen Tartaros und dem immerwogenden Meer und dem sternreichen Himmel nebeneinander von allem die Ursprünge und Grenzen", dichtete Hesiod. Am Weltrand kommen Himmel und Erde in der Ungeschiedenheit ihres Ursprungs zusammen, von dort klaffte der Abstand zwischen beiden auf, aus dem nach ihrer kosmischen Trennung die von den Menschen bewohnte Welt besteht. Wer in dieses Gebiet gelangte, machte sich den ersten Menschen ähnlich, von denen die Sage ging, dass sie auch in ihrem leiblichen Dasein bis zum Himmel reichten, weil das Reich der Gottheiten noch nicht vom gewöhnlichen Menschenleben getrennt war. Man musste mit besonderen Kräften begabt sein oder sich zuvor magischen Schutzmaßnahmen unterziehen, um sich dem Wagnis einer Weltrandreise auszusetzen.

Auch das christliche Mittelalter hat vom Weltrand erzählt. Hier sind es nicht Helden, sondern Heilige, die sich auf den Weg machen, und auch ihnen tut sich eine den gewöhnlichen Sterblichen verschlossene Anderwelt auf. Fern im Osten oder im Westen liegt als Ziel ihrer Reise das Paradies, teils mit Zügen eines dem Irdischen entrückten Jenseits ausgestattet, teils aber auch geografisch verortet und in dieser Lokalisation durch Erzäh-

Linke Seite **Rémy Artiges, NOZIROH, 2019.** *Links* **Bruno Boudjelal, Algérie, 2003** *Rechts* **Françoise Nuñez, Valparaiso, Chili, 2011**

Der Rand der Erdfläche nahm in der Fantasie alter Völker einen hohen Stellenwert ein

lungen beglaubigt. So ist der heilige Brendan einer verbreiteten Legende zufolge von Irland aus westlich zu paradiesischen Inseln gelangt, was ihm einen Eintrag auf dem von Martin Behaim verfertigten ersten Globus verschaffte und noch Amerigo Vespucci zu seiner Entdeckungsfahrt inspiriert haben soll.

Das ist die kosmologische Vorgeschichte, die im Bildmotiv des Horizonts nachlebt. Die andere führt noch stärker in den Bereich der Theologie. Seit der Antike sind die Heiligenszenen christlicher Bildkunst von einem Goldgrund umgeben, in dem das Empyreum, das Licht- und Feuerreich der Seligen, widerscheint. Im Mittelalter weicht der Goldgrund in der westeuropäischen Kunst zurück. Was von ihm bleibt, ist der dünner werdende Heiligenschein um die Häupter sakraler Figuren. In dem Maß, in dem der Goldgrund schwindet, breitet sich in den Gemälden eine immer weitläufigere Landschaft aus.

An die Stelle göttlicher Transzendenz rückt eine innerweltliche räumliche Ferne, die indessen noch lange eine Erinnerung an ihre überweltliche Herkunft in sich bewahrt. Denn das Licht, das in den frühneuzeitlichen Weltlandschaften von der Ferne her leuchtet, ist kein natürliches, sondern ein numinoses, gewissermaßen noch aus dem zurückweichenden Goldgrund hervorscheinendes Licht; die Gemälde heben ihre Betrachter weit über alle Erdenschwere empor und lenken ihren Blick in eine unwirkliche, entgrenzende Wunderwelt. Ein Künstler, der sich auf die Fantastik bläulich illuminierter Ferngründe in besonderer Weise verstand, war – neben und gefolgt von anderen,

zumal flämischen Malern – der Niederländer Joachim Patinir. Bei ihm wird die Versenkung in den Tiefenraum selbst – und nicht nur in die vorgelagerten biblischen Szenen – zu einer religiösen Erfahrung.

Es ist kein Zufall, dass das Genre der Weltlandschaft gerade bei einer seefahrenden Nation wie den Niederländern zur Blüte gelangte. Denn die Entwicklung des Raumsinns in der Malerei steht in Verbindung mit zwei umwälzenden Neuerungen der Frühen Neuzeit: mit der Entdeckung der Unendlichkeit des Weltalls im Gefolge der kopernikanischen Revolution; und mit dem Vordringen der Europäer auf das offene Meer, jenseits einer Küstenschifffahrt, die sich noch innerhalb der Grenzen der bis dahin bekannten Welt bewegte. Wie in der zu wachsender Perfektion gelangenden perspektivischen Malerei, die sich vom „Vordergrund ohne Ferne" (Jacob Burckhardt) mittelalterlicher Darstellungen ablöst und dazu übergeht, den gesamten Bildraum auf einen geometrischen Verschwindepunkt im Unendlichen hin zu fluchten, kommt dem Horizont auch in der Nautik eine orientierende Funktion zu. Er wird als Kimmlinie benötigt, um auf hoher See, wo andere Bezugspunkte fehlen, den Höhenwinkel der Gestirne und damit die eigene Position zu bestimmen.

Zugleich wächst damit seine kulturelle Bedeutung. Die Frühe Neuzeit in Europa träumt von der Entgrenzung. Auf vielen Ebenen: in der Astronomie, in der Mathematik, in der Landschaftskunst, in utopischen Zukunftsentwürfen. Als ein Grenzsaum, der seinem perspektivischen Charakter nach vorauswandert, wenn man sich ihm zu nähern versucht, wird der Horizont zur Chiffre eines Drangs ins Offene, Unermessliche, der sich der fortgeschrittenen Geister, der Forscher, Philosophen, Künstler, Händler und Abenteurer bemächtigt und sie über die Schranken der bekannten Welt hinaustreibt.

Ihren klassischen Ausdruck findet diese neue Dynamik in der Titelillustration, die Francis Bacon seinem epochalen Werk „Novum Organum" 1620 vorangestellt hat, der Gründungsurkunde einer auf Fortschritt gegründeten neuzeitlichen Wissenschaft. Man sieht auf dem Titel durch die Säulen des Herkules hindurch aufs offene Meer. Zwei Schiffe fahren mit geblähten Segeln auf die Weite des Ozeans zu. „Viele werden hinausfahren, und das Wissen wird sich vermehren", lautet das Motto dieser allegorischen Vignette. Der Sage nach hatte schon Herkules eine solche Fahrt unternommen, war aber zur Strafe für diesen Akt von Hochmut und sündiger Neugier nicht wieder zurückgekehrt. Im Anbruch der Neuzeit bricht Bacon mit solchen mythischen Barrieren. Er stellt die neuzeitliche Wissenschaft als Aufbruch zu neuen Ufern dar. Hinter dem

Weltrand des Mythos ist auf dem Titelblatt denn auch eine weitere Bezugslinie zu sehen, der Horizont – eine Linie, die nichts weniger als eine Einladung in die Unendlichkeit ist.

Die Westorientierung von Bacons Sinnbild des modernen Wissensdrangs deutet noch auf einen weiteren Zusammenhang hin. Nicht abgebildet, aber mitgedacht ist hinter dem Gesichtskreis der neu entdeckte Kontinent Amerika. Das Streben in die Ferne zeigt sich hier zugleich als eine koloniale Unternehmung, in die Bacon persönlich als Akteur und Teilhaber involviert war. Auch unabhängig von solchen direkten Verwicklungen besteht eine enge Wechselbeziehung zwischen optischer und faktischer Bemächtigung des Raums. Wenn sich die Betrachter von Landschaftsgemälden in der Überschau über ein weitläufiges Territorium üben, wenn es in der Folge davon Mode wird, auch in der Natur erhöhte Standpunkte aufzusuchen, um gleichsam aus Feldherrenperspektive eine Rundumsicht zu genießen, so hat dieses visuelle Training auch eine soziale Funktion.

War die Inanspruchnahme eines olympischen Blickpunkts traditionell der höfisch-aristokratischen Oberschicht vorbehalten, sind es nun vor allem die nach oben strebenden Mittelschichten, die sich in solchen Souveränitätsgesten genießen. Die Epoche der Aufklärung war auch die Epoche einer Landschaftsästhetik, die im Zeichen der Erhabenheit stand, und mit dieser ging wiederum eine gesellschaftliche Erhebung einher – sowohl nach innen gerichtet, gegenüber den älteren Eliten, als auch im Hinblick auf den kolonialen Ausgriff auf die außereuropäische Welt. So ist in die Geschichte des Horizonts auch eine Geschichte des Kolonialismus einbeschrieben. Das Streben nach Erschließung exotischer Wunderwelten ist ein Motor kolonialer Expansion.

Ihren Höhepunkt erreicht die europäische Fernsehnsucht gegen Ende des 18. Jahrhunderts, in der Epoche der Romantik. In Deutschland stehen einem die Bilder Caspar David Friedrichs vor Augen, vor allem sein berühmtes Gemälde „Mönch am Meer“, das jeden rahmenden Vordergrund ausspart und dadurch, vermittelt über die Rückenfigur des einsamen Manns am Strand, den Betrachter gleichsam in den Bildraum hineinzieht – mit dem Effekt, in den nicht minder berühmten Worten des Dichters Heinrich von Kleist, dass es dem Betrachter vorkommt, als wären ihm „die Augenlider weggeschnitten“.

Indessen deutet sich hier schon ein Stimmungswandel an, der das weitere Schicksal des Horizontmotivs bestimmt. Es liegt sozusagen in der mathematischen Logik einer vorwandernden Grenze, die nie erreicht werden kann, dass sie

Lesen Sie bitte weiter auf Seite 60

Unten **Philip Blenkinsop, Banda Aceh, post Indian Ocean Earthquake and Tsunami, 2005**

Eine Grenze, die nie erreicht werden kann

Linke Seite **Hiroshi Sugimoto, Marmara Sea, Silivri, 1991, Gelatin Silver Print, 38,8 x 58,4 cm.**
Oben **Hiroshi Sugimoto, Aegean Sea, Pilion, 1990, Gelatin Silver Print 38,8 x 58,4 cm**

sich irgendwann von einer Figur der Verheißung zu einer Figur der Vergeblichkeit wandelt. Dazu muss nur der Akzent auf die andere Seite der Horizonterfahrung verschoben werden: die Erfahrung, dass sich die immerfort überschrittene Grenze stets von Neuem schließt; dass das ahnungsvoll Neue sich bei näherem Hinsehen in die ewige Wiederkehr des Gleichen verwandelt; dass in die Ferne streben heißt, den Traum von der Ferne zu zerstören. In der Kulturgeschichte der Ferne wird dieser Moment im Lauf des 19. Jahrhunderts erreicht, in einer Zeit, in der die Moderne ohnehin utopische Qualitäten verliert und Kosten des Fortschritts spürbar werden.

Eine bedeutende Rolle spielt in diesem Prozess die Entwicklung der Transportmittel. In Zeiten der frühen Entdeckerfahrten war es ein riskantes, niemals mit völliger Sicherheit vorauszuberechnendes Unternehmen, zu überseeischen Ländern mit ihren sagenhaften Reichtümern zu gelangen. In den Vorstellungen von einem Dorado im südlichen Amerika oder von paradiesischen Südseeinseln klingt noch etwas von den religiösen Heilserwartungen nach, die sich einst mit Reisen an den Weltrand verbanden. Je näher die Ferne rückt, je mehr sie zu einem System von fahrplanmäßig angefahrenen Destinationen schrumpft, desto gewöhnlicher wird sie. „Durch die Eisenbahnen wird der Raum getötet, und es bleibt uns nur noch die Zeit übrig", schrieb Heinrich Heine 1843; und das war in einer Zeit, in der die Dampflokomotiven gerade einmal 30 Stundenkilometer zuwege brachten.

Immer unübersehbarer wird nun auch, dass der Aufbruch in ferne Länder die in ihn gesetzten Erwartungen nicht erfüllt. In der Literatur des 19. Jahrhun-

Linke Seite **Françoise Huguier, Le pêcheur Bozo, Tombouctou, 1989.** *Links* **Laure Tiberghien, ohne Titel, 2020.** *Rechts* **Bernard Plossu, La Isleta del Moro, Espagne, 1989**

Der Traum von der Ferne sucht Zuflucht in der Romantik der Reise-führer

derts schlägt sich dies im Erzählmotiv des desillusionierten Heimkehrers nieder, dem es die gesunkenen Fahrtkosten möglich machen, nach dem Scheitern seiner Pläne den Rückweg in die Heimat anzutreten – ohne jedoch auch dort wirklich willkommen zu sein. Der Traum von der Ferne verbraucht sich; er findet, bis heute, seine letzte Zuflucht in der hartnäckig aufrechterhaltenen Romantik von Reiseführern und Tourismusprospekten.

Jetzt gelangt die Erkenntnis zu ihrem Recht, dass man in der Verfolgung des Horizonts am Ende mit fataler Notwendigkeit zu seinem Ausgangspunkt zurückkehrt. Paradoxerweise setzt gerade die globale Expansion dem Utopismus des Horizonts in der Moderne ein Ende. Denn der Planet Erde ist, wie nun immer unabweisbarer wird, endlich und rund. Nicht bloß den Abenteurern in Herman Melvilles Roman „Moby Dick" tut sich der schreckliche Verdacht auf, dass die Erdkugel, des Geheimnisses der Ferne beraubt, zu einer „leeren Null" schrumpfen könnte, kreisförmig und bedeutungslos wie eine Geldmünze, „nur gut, sie in Fuhren zu verkaufen wie die Hügel bei Boston und damit Sumpfland in der Milchstraße aufzufüllen".

Im ausgehenden 19. Jahrhundert reagieren die Liebhaber des Reisens auf diesen Zusammenbruch des Spannungsgefälles zwischen Nähe und Ferne, indem sie den Vorhang zuziehen; die Landschaft draußen hat ihnen außer Reizüberflutung nichts mehr zu bieten. Wenig später kommt die Alternative auf, ins Kino zu gehen. Die Erfahrung der Ferne wandert ins Virtuelle; dieser Prozess verstärkt sich, je mehr und weiter Menschen reisen.

Reisen und Sehen beginnen sich wieder zu trennen. Zwar wird für bestimmte Funktionen ein auf extreme Geschwin-

Lesen Sie bitte weiter auf Seite 66

Gilbert Bellan, *Mer et ciels de Vendée*, um 1925

Spielen mit der Invariante

Die in diesem Titelthema gezeigten Arbeiten stammen sämtlich aus der Ausstellung „Horizon", zu sehen im vergangenen Jahr in der Pariser Galerie Atelier L'Oeil Vert. Im Gespräch erläutert der Fotografie- und Kunstkurator Thomas Doubliez die Hintergründe seiner Exposition

mare: *VIELE AUSSTELLUNGEN TRAGEN den Begriff „Horizont" im Namen, aber fast immer im übertragenen Sinn. Ihre aber befasst sich mit der Linie, die Erde von Himmel trennt, und das malerisch und fotografisch. Wie kam es dazu?*

Thomas Doubliez: Ihre Entstehung war recht simpel. Drei großformatige Horizonte, die Gilbert Bellan in den 1920ern gemalt hatte, sollten mit zeitgenössischen Fotografien zum selben Thema in einen Dialog treten. Bellan verfolgte die Idee der Camus'schen Hochzeit von Himmel und Meer. Wir suchten dann nach dem, was uns dazu am relevantesten erschien: der Horizont, wie er gesehen wird zu einem bestimmten Zeitpunkt von jemandem, der ihn erlebt – die reine Tatsache der Fotografie also. Das nimmt nichts von der Absichtlichkeit, der inneren Landschaft und der Kreativität der Urheber. Schlimmstenfalls könnten sie die Idee äußern, dass der Horizont nicht existiert, wenn er nicht gesehen oder fotografiert wird. Aber wäre das ein Vorwurf?

Sie erwähnen Albert Camus' „Hochzeit des Lichts". In diesem Essayband erzeugen Sinneseindrücke beim Schwimmen im Meer, die Camus beschreibt, ein Gefühl der Überschreitung des Horizonts, der Vermählung von Himmel und Erde, gewissermaßen der Hochzeit mit der Natur. Wonach haben Bellan und die Fotografen gesucht?

Bellan hat sich im Lauf seines Malerlebens immer mehr von den Auftragshistorienbildern entfernt, um sich mit dem universelleren Thema des Menschen in der Natur zu befassen. Er lebte in der Vendée, am Meer, und dort erfuhr er diese Verschmelzung mit der Meereslandschaft, die ihn umgab, Tag für Tag. Dieses Landschaftserleben ist auch die Verbindung zu den ausgestellten Fotografien. Was die Fotografen angeht, so kann man davon ausgehen, dass es mindestens eine Absicht je Autor gibt.

Gibt es in den Bildern einen Grundkonsens darüber, was einen Horizont überhaupt ausmacht?

In einer Gruppenausstellung ist der Konsens das, was man am Ende sieht. Mit einem Titel wie „Horizont" kann man jede Fotoreihe neu ausrichten, von Rodtschenkos konstruktivistischen Paraden bis zu Kertész' Akten, es wird immer zusammenpassen. Wir haben uns dafür entschieden, bei einer bestimmten Architektur der Welt zu bleiben, bei der ein Streifen Himmel und ein Streifen Meer in den Bildern vorhanden sind. Dann kommt die Rolle, die diesem Strich zwischen den beiden zugewiesen wird. Die Zwillingswellen von Bernard Plossu auf der Isleta del Moro wären banaler Zufall, wenn am Ende der Insel nicht ein Horizontstrich an die unveränderliche Ordnung der Landschaft erinnern würde. Umgekehrt wäre der Horizont am Schwarzen Meer von Vanessa Winship weniger bedeutsam, wenn nicht ein Pier unseren Blick dorthin lenken würde. Der Horizont ist hier die geometrische Invariante, mit der die Fotografen spielen – und wir mit ihnen.

Also ist der Horizont gewissermaßen technisch unerlässlich, weil er die Perspektive des Betrachters auf das Bild zu kontrollieren hilft?

Ja, nehmen Sie Damien Daufresne und die drei parallelen Ebenen: das Fensterbrett, das Wasser im Glas und das Meer, alle drei durch den Bildausschnitt des Fotografen geneigt. Oder das Gegenteil, die vom Tsunami 2005 zerstörte Landschaft von Banda Aceh, in der sich Philip Blenkinsop um 360 Grad um sich selbst dreht – das unbewegliche Zentrum einer vollkommen horizontalen und vollständig verwüsteten Landschaft. Oder Françoise Huguier und die Fahrt der Piroge, die auf das Kamel zu zielen scheint, das idealerweise auf dem Horizont steht. Jedes Mal ist der Horizont ein Element einer beinahe mathematischen Konstruktion der Landschaft, die sowohl den Autor als auch den Weg des Auges des Betrachters auf dem Bild positioniert.

Der Horizont wird in der Kunst oft als Sinnbild für Sehnsucht und Utopie verwendet – vielleicht auch deshalb, weil wir wissen, dass diese Linie endlos vorrücken kann?

Ihre Frage führt mich zu Rémy Artiges' Horizontbild. Zur Rückseite des Horizonts ist es in der Tat eine lange Reise; aber die Art und Weise, wie sie hier erreicht wird, durch die umgekehrte Schrift und die Transparenz der Ebene, ist jedoch besonders kurz. Das ist es, was mir an diesem Bild gefallen hat. Allgemeiner gesagt, bezieht sich das Immer-weiter-Vorwärtskommen für mich auf das Paar Raum und Zeit, das in der Fotografie so beliebt ist. Sugimoto geht bei der Suche nach Raum und Zeit am weitesten. Seine „Seascapes" sind ohne erkennbaren Maßstab, sie verweisen sowohl auf die Unendlichkeit des Pazifiks als auch auf Mikrofragmente des Meers. Diese völlige Abwesenheit von Orientierungspunkten ist schwindelerregend und kontemplativ. Die Spur des Horizonts ist mental, das Ergebnis der suggestiven Arbeit des Autors und der vom Betrachter vorgenommenen Rekonstruktion. Schließlich denke ich auch an das fantastische „Noël au Portugal" von Sarah Moon. Noël meint hier Bob Delpire, den Ehemann der Fotografin, ein Koloss der französischen Fotografie. Sarah Moons erhöhte Position, Bobs Silhouette, die Kraft des Felsens, der in seinem Schatten verankert ist, der extrem hohe, helle Horizont, sein Echo in Form eines weißen Schaums am unteren Bildrand – alles an dieser Fotografie bewegt mich. Weil das Bild weit „sieht", ja, aber vor allem, weil das Meer hier die Rolle der Sanduhr spielt, die den Horizont verschlingen wird, wenn alles vorbei ist.

Das Gespräch führte Karl Spurzem.

Wer zu oft
hinter den
Horizont
gefahren ist,
schenkt dem
Frontier-
Mythos keinen
Glauben mehr

Linke Seite **Olivier Marchesi, Solovki Islands, 2014.** *Oben* **Bruno Boudjelal, Algérie, 2009**

Vanessa Winship, Imagined States from the Balkans to the Black Sea, 2008

digkeiten und kurze Reaktionszeiten abgerichteter Blick trainiert – ein Training, dessen Schauplatz das Cockpit und die ihm nachgebildete Videospielkonsole ist, Zentrale einer totalen kinetischen Raumbeherrschung. Aber das hat mit dem Bestreben, visuell räumliche Ganzheit zu stiften und sich zugleich des eigenen Ichs zu vergewissern, kaum noch etwas zu tun. An die durch die Zentralperspektive erzeugte Illusion ruhender Einheitlichkeit, an das kognitive Vermögen des Reisenden zu einer Simultanschau über Städte und Länder richten sich jedenfalls keine kulturellen Erwartungen mehr. Die Globalisierung hat keine Territorien, die sich der Betrachter in Gestalt von Landschaftsräumen vergegenwärtigen kann. Sie sieht ohnehin die unbewegte, höhere Warte eines solchen Betrachters nicht vor.

Damit verlieren auch die Horizontutopien, die den Aufbruch zur Moderne geprägt haben, ihre Bedeutung. Wer zu oft hinter den Horizont gefahren ist, wird dem *frontier*-Mythos der grenzenlosen Überschreitbarkeit aller Grenzen keinen Glauben mehr schenken. Er muss sich mit einem kleiner werdenden Planeten begnügen, dessen Kugelgestalt jeden Vorwärtsdrang verändernd in sich selbst zurücklaufen lässt.

Rekursion, nicht Transgression heißt fortan das Bewegungsgesetz dieser Welt. Es fordert neue Helden, die nicht mehr in die Ferne schweifen, sondern gleichsam wieder zurückgekehrt sind und sich, offenen Auges, auf ein Leben in den gegebenen Abhängigkeiten verstehen.

Albrecht Koschorke, Jahrgang 1958, ist Professor für Literaturwissenschaft an der Universität Konstanz und Extraordinary Professor an der University of Pretoria. In seinen Forschungen interessiert er sich vor allem fürs Erzählen – innerhalb und außerhalb der Literatur.

DIE NEUEN mare-KALENDER 2024

52 Seiten Kultur

mare-Kulturkalender 2024
Wochenkalender, 56 Blätter
Format 24 × 32 cm
24 € [D/A]
ISBN 978-3-86648-714-7

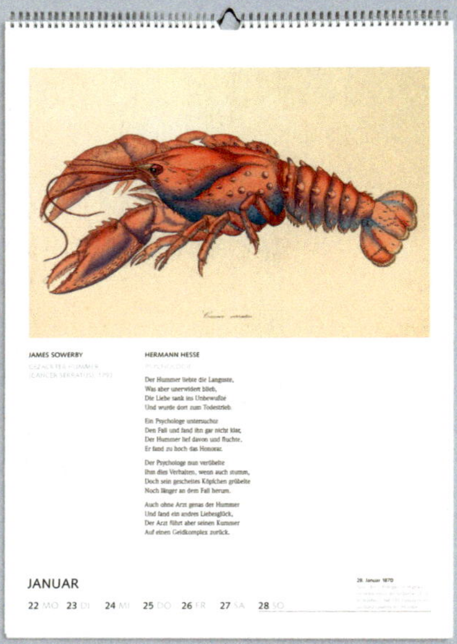

Jeden Monat einen Blick aufs Meer

mare-Meeresblicke 2024
Monatskalender, 12 Fotografien
Format 82 × 58 cm
49 € [D/A]
ISBN 978-3-86648-715-4

Waynes Muschelhaus

Im „Old Pearler" im westaustralischen Denham werden nicht nur großartige Meeresgerichte serviert. Schon das Gebäude besteht quasi aus Meer

Text: Fabian von Poser Fotos: Darren Jew

Wayne Viney ist ein bescheidener Mensch. „Ich bin nicht besser als die anderen", sagt er. „Aber ich koche mit Leidenschaft." Viney sitzt an einem großen Holztisch. An den Wänden um ihn herum hängen alte Fotos und Artefakte, die mit dem Meer zu tun haben: Bilder von Fischern, historischen Booten, ein altes Steuerrad. Es ist spät. Die letzten Gäste sind längst gegangen. Das Licht ist gedimmt. Doch erst jetzt will er sprechen. Viney will nicht im Mittelpunkt stehen. Nicht vor seinen Gästen.

Viney ist Besitzer und Koch des „Old Pearler" in Denham, einer 700-Seelen-Gemeinde an der Westküste Australiens. Um die Ortschaft herum Einsamkeit: Sand, einige versprengte Büsche, Emus, Kängurus. Hinter Denhams bescheidener Promenade: aufgewühltes Meer. Doch im „Old Pearler" ist es heimelig. Aus der Küche trägt Vineys rechte Hand Aleisha immer neue Teller heran, die herrlich duften: ganze Flusskrebse, gegrillt in Mornaysauce, Shark-Bay-Wittling mit feinem Zitronendip, würzig gegrillter Tintenfisch, leckere Knoblauchgarnelen.

Für eines der meistbestellten Gerichte reisen die Gäste von weither an, manch einer gar aus dem 800 Kilometer südlich gelegenen Perth: die große Fischplatte. Darauf: frische Austern mit Kilpatricksauce, Jakobsmuscheln mit Zitronenbutter, Languste, hauchzarter Red Snapper, Tintenfisch und Garnelen. Der Gastgeber bringt ausschließlich fangfrische Fisch- und Muschelgerichte aus dem Indischen Ozean auf den Tisch. Und Viney kann sich glücklich schätzen. Sein Restaurant ist meist Tage, ja manchmal Wochen im Voraus ausgebucht.

Der Fisch in Wayne Vineys Restaurant schmeckt nicht nur außerordentlich gut. Serviert wird er auch in passendem Ambiente, denn der „Old Pearler" ist in einem Gebäude untergebracht, das nicht nur am Meer liegt, sondern auch aus Meer besteht. Am 45 Kilometer entfernten Shell Beach haben Wind und Wetter über einen Zeitraum von 6000 Jahren Myriaden angeschwemmter Herzmuscheln der Art *Fragum erugatum* zu einer bis zu neun Meter dicken Schicht aus Muschelkalk gepresst.

Bis in die 1950er-Jahre wurde der Zement, auch Coquina genannt, in Blöcken aus dem Strand herausgesägt und als Baumaterial verwendet: für Denhams Kirche, aber auch für einige andere Gebäude in der Gemeinde wie das 1954 gebaute Restaurant. Wayne Viney übernahm das Haus 2010, und dessen alten Charme hat er erhalten. Wenn an der Shark Bay der Wind faucht, ist es drinnen gemütlich warm, denn die durch die Muscheln mit unzähligen Hohlräumen versehenen Steinblöcke haben hervorragende Dämmeigenschaften. Allerdings, auch das sagt Viney, „bei solch einem alten Gebäude ist man immer im Renovierungsmodus".

Es sei das beste Restaurant weit und breit, sagen die Gäste. Vom Essen her und auch vom Flair. Vor Covid kamen gern auch Asiaten, Amerikaner und Europäer. Heute sind 80 Prozent der Besucher Australier. Viney hat nur neun Tische. „Mehr Platz ist einfach nicht da", sagt der 49-Jährige. Den zehnten hat er kürzlich weggeräumt. „Damit jeder Gast mehr Platz hat." Im „Old Pearler" schenkt der Gastgeber nicht einmal Alkohol aus. Oder sagen wir: Trinken darf man ihn, aber man muss ihn selbst mitbringen. „Weil wir keine Lizenz haben", sagt er. „Aber die Leute kommen ja wegen dem, was auf den Teller kommt, nicht wegen dem, was im Glas ist."

Was das Geheimnis seines Restaurants ist? „Wir setzen auf Qualität, nicht auf Quantität", sagt Viney. „Du musst die Tiere, die du auf den Teller bringst, respektieren." Die Zutaten kauft Viney bei der Shark Bay Fish Factory in Denham ein. „Denn frischer geht es nicht", sagt der 49-Jährige. „Die Boote kommen rund um die Uhr rein." Aber jeden Abend in der Küche die gleiche hohe Qualität hinzubekommen, das sei das Schwierigste, gesteht er. 365 Tage im Jahr auf hohem Niveau zu kochen erfordere eine Menge Disziplin. Sein eigentliches Erfolgsrezept aber ist ein ganz anderes. „Für uns ist das keine Arbeit", sagt Wayne Viney. Für viele andere sei Kochen ein Job, und sie würden dafür bezahlt. „Für mich ist es ein Lebensstil."

Austern à la Kilpatrick

Zutaten und Zubereitung (für vier Personen)

Ofen auf 190 Grad vorheizen. 12 Austern öffnen, 10 EL Meersalz zu einem Teppich auf dem Backblech verstreuen, die Austern darin kippsicher platzieren. 120 g Bacon in Würfel schneiden und Muscheln damit belegen, dann mit einer Sauce aus 3 EL Ketchup, 2 EL Zitronensaft, 4 Spritzern Worcestersauce und 3 Spritzern Tabasco beträufeln. Austern vier Minuten auf mittlerer Schiene gratinieren und mit Schnittlauchröllchen servieren.

The Old Pearler

71 Knight Terrace, Denham, WA 6537, Australien, Telefon +61/437/615322. Vorherige Reservierung ist wegen der großen Nachfrage und der begrenzten Zahl an Plätzen unbedingt angeraten. www.facebook.com/TheOldPearler

Ganz oben **Das Restaurant „The Old Pearler", 1954 erbaut aus Muschelkalk, den Myriaden angeschwemmter Herzmuscheln gebildet haben**

Darunter links **Die große Platte: Austern, Jakobsmuscheln, Languste, Tintenfisch, Garnelen etc.**
Daneben **Ein Koch aus Leidenschaft: Wayne Viney**

Meine Halle, deine Halle

Hamburg und Altona lieferten sich Ende des 19. Jahrhunderts einen knallharten Konkurrenzkampf. Er gipfelte im Betrieb von zwei Fischauktionshallen, nur wenige Meter voneinander entfernt

Text: Emanuel Eckardt Fotos: Fide Struck

Wie ist das, wenn zwei Hafenstädte einander immer näher rücken und zugleich in knallharter Konkurrenz miteinander liegen? Wir schreiben das Jahr 1888. Hamburg und Altona liegen viel zu nah (plattdeutsch: all to nah) beieinander, der Mindestabstand zwischen den Städten beträgt vier Hamburger Fuß (etwa 1,15 Meter) und wird durch unauffällig ins Straßenpflaster eingelassene Grenzplatten markiert. Die Häuser an der Grenze dürfen keine Fenster haben, damit die Bewohner keinen Müll ins benachbarte Ausland kippen. Denn Altona liegt in Preußen und damit im Deutschen Reich, dem die Freie und Hansestadt Hamburg immer noch nicht beigetreten ist.

Warum nicht? Die Hamburger sind stolz auf ihre Stadt, sie ist weltoffen, frei von jeder Fremdherrschaft, keinem König untertan und schon gar nicht Wilhelm II., dem König von Preußen und deutschen Kaiser. Der gilt in Hamburg als ausländischer Monarch. Die Firmen der Weltstadt unterhalten Vertretungen im Fernen Osten, China- und Japanhandel florieren, in der ganzen Welt gibt es 162 Konsulate der Freien und Hansestadt Hamburg.

Altona, die kleinere Stadt nebenan, gehörte 200 Jahre zum Königreich Dänemark. Einige Jahre war sie auch nördlichste Stadt Österreichs, ehe sie schließlich als Wanderpreis der Geschichte nach dem Preußisch-Österreichischen Krieg 1867 der preußischen Provinz Schleswig-Holstein angegliedert und damit 1871 Teil des Deutschen Reichs wurde.

Doch nun ist Hamburg an der Reihe: Endlich gelingt es dem preußischen Reichskanzler Otto von Bismarck die widerstrebenden Hanseaten in den gemeinsamen Zollverein zu bugsieren und so im Deutschen Reich zu verankern. Kaiser Wilhelm II., 29 Jahre alt und seit Juni im Amt (er ist aufgrund zweier Todesfälle schon der dritte Kaiser in diesem Jahr), lässt es sich nicht nehmen, den Staatsakt gebührend zu feiern. Am 29. Oktober 1888 reist Seine Majestät mit großem Gefolge nach Hamburg. Die Kaiserhymne „Heil dir im Siegerkranz“ erklingt (nach der Melodie der britischen Nationalhymne) an der Brooksbrücke, wo eigens ein

Links **Historisches Bild der Fischauktionshalle St. Pauli. Sie wurde 1971 abgerissen**

Oben **In der Altonaer Fischauktionshalle stehen Händler und Arbeiter auf Fischkisten**

Pavillon für den Festakt errichtet wurde. Hamburg ist nun endlich Teil des Deutschen Reichs.

Dafür bekommt die Hansestadt den zollfreien Freihafen – ein Superdeal: Hamburg erlebt einen Boom ohnegleichen. Im Jahr 1890 steuern mehr als 8000 seegehende Schiffe den Hafen an, die Tonnage verdoppelt sich in 15 Jahren. Hamburg ist nach London, Liverpool und New York der viertgrößte Seehafen der Welt, rückt zeitweise sogar auf Platz drei vor.

Die Hamburger wissen, wem sie das zu verdanken haben, und errichten ein Monument aus Granit, den größten Bismarck aller Zeiten, 34 Meter hoch, mit Schwert und grauem Wettermantel, den strengen Reichskanzlerblick nach England gerichtet. Hamburg ist Boomtown für alle, die es verstehen, ihren Reichtum zu mehren, doch leben rund 70 Prozent der Stadtbevölkerung unterhalb der Armutsgrenze. Das Elend im Gängeviertel, den dicht besiedelten Quartieren am Hafen, stinkt zum Himmel. In den Straßen und Fleeten sammelt sich Nacht für Nacht der Inhalt ausgekippter „Eimerprivets". 20 000 Menschen leben in Häusern, die nicht an die Kanalisation angeschlossen sind.

Im August 1892 wird die Hansestadt von einer Choleraepidemie heimgesucht, der fast 9000 Menschen zum Opfer fallen. Im benachbarten Altona gibt es kaum Tote. Altonas Leitungswasser wird seit 1859 gefiltert, Hamburgs nicht. Der Mikrobiologe Robert Koch, aus Berlin her-

beigeeilt, kennt die Verhältnisse in Alexandria und Kalkutta. Über Hamburg kann er nur staunen: „In keiner anderen Stadt habe ich solche ungesunden Wohnungen, Pesthöhlen und Brutstätten angetroffen, meine Herren, ich vergesse, dass ich in Europa bin."

Nach zehn Wochen ist der Spuk vorbei, sind die Toten begraben. Endlich wird in Gesundheitsvorsorge investiert. Die Wasserwerke bauen eine Trinkwasserfilteranlage, die Wohnquartiere auf dem Wandrahm und Kehrwieder werden abgerissen, um Platz für die Speicherstadt, den größten Lagerhauskomplex der Welt, zu schaffen. 20 000 Menschen werden dafür zwangsumgesiedelt. Geschäft ist Geschäft.

Dass dazu auch die Versteigerung von fangfrischem Fisch gehört, liegt an dem findigen Seemann Johann Hinrich Köser. Geboren 1835 in Twielenfleth in den Elbmarschen des Alten Lands, fährt er drei Jahre als Steward zur See, gründet in Hull an der britischen Ostküste mit Annie, seiner englischen Frau, eine Familie und nennt sich fortan Henry. Als Gründervater des Handelsunternehmens H. Köser und Spezialist von Früchten mit eigener Dampfschifffahrtslinie kehrt er 1867 nach Hamburg zurück und gründet in der Hafenstraße ein Geschäft für die Ausfuhr von Äpfeln und Kartoffeln nach England.

Weil es keinen Sinn macht, dass seine Schiffe von dort mit leeren Obstkörben und Kartoffelkisten nach Hamburg zurückkehren, verlegt er sich auf den vielversprechenden Handel mit fangfrischem Fisch. Seine drei Söhne steigen ein; Harry macht sich mit der Obst- und Kartoffelsparte in Hull selbstständig, Walter und Arthur blei-

Oben **Der vereidigte Auktionator beim Versteigern der Ware**

Unten **Arbeiter in Altona schaufeln Eis von einer Lkw-Ladefläche**

Rechte Seite **Ein Meer aus Fischkisten in der Altonaer Fischauktionshalle**

ben in Hamburg, wobei Arthur sich ganz auf das Geschäft mit den Heringen konzentriert, das weit lukrativer ist als der Handel mit Edelfisch. Die Masse macht's.

Dieses Geschäft wird in England mit großem Erfolg von Auktionatoren abgewickelt. In Hamburg nicht. Also stellt Henry Köser den Antrag auf Vereidigung als Fischauktionator. Nach einigem Zögern erteilt ihm der Hamburger Senat eine Lizenz. Prompt schippert der Unternehmer mit dem 25 Meter langen Fischdampfer „Solea" und einer Ladung von 4000 Pfund Frischfisch, darunter auch Scholle und Steinbutt, nach Hamburg.

Am 20. November 1886 wird in der St.-Pauli-Markthalle zum ersten Mal Fisch versteigert. Die 2000 Quadratmeter große Halle, 1874 als schmucke Basilika mit roten Ziegeltürmchen errichtet, wird fortan als Fischauktionshalle genutzt und ist schnell ausgelastet. Denn bisher hatten heimkehrende Fischdampfer und Kutter einen Großteil ihrer Fracht an sogenannte Reiseverkäufer abgegeben, die ihnen auf der Elbe entgegensegelten. Die zahlten bar, aber meist zu Preisen unter dem Marktwert. Ab sofort übernimmt der vereidigte Auktionator die gesamte Ladung, die Preise werden transparent, die Kasse stimmt, und die Fischer sind schon längst wieder auf Fangfahrt.

Das Geschäft läuft bestens. Der Arbeitstag beginnt gegen vier Uhr morgens nach Ankunft der Fischdampfer. Oft sind bis zu 20 Schiffe in einer Nacht zu löschen, die Fracht in der Zeit von sieben bis neun Uhr morgens zu versteigern und in vielen tausend Kisten zum Abtransport zu bringen. „Raumgäste" entladen die Schiffe, Decksleute, Wiegeleute, Sortierkräfte, Abhacker und Winschleute arbeiten Hand in Hand. Die Männer erhalten von der Behörde für Arbeit ein „F" in ihre Papiere; als „Spezialkräfte für Fischdampferlöschen" werden sie besser bezahlt als andere Hafenarbeiter. Nach der großen Verlade versacken die Besatzungen der Schiffe schon mal im nahen Amüsierviertel St. Pauli. Aber das Unternehmen H. Köser hat seine Leute fest am Haken. Inhaber, Prokuristen und verlässliche Angestellte der Firma wissen, wo sie die Seeleute aufstöbern können, um sie zur Ausnüchterung an Bord zu bringen.

Inzwischen wandern viele Fischer, die bisher ihren Fang in Altona verkauft hatten, nach St. Pauli ab. Doch Altona zieht nach und bestellt seinerseits den Finkenwerder Gastwirt Johann Cohrs zum Auktionator. Darüber hinaus lässt Altona, das nach der Eingemeindung von Ottensen, Neumühlen, Bahrenfeld, Othmarschen und Övelgönne zur Großstadt geworden ist, ein architektonisches Juwel bauen, das bis heute zu den schönsten Denkmälern der Stadt gehört: die Altonaer Fischauktionshalle. 1895 wird sie als Glas-Eisen-Konstruktion mit Glaskuppel an der Großen Elbstraße, wenige Meter von der Grenze zu Hamburg und zur St.-Pauli-Markthalle entfernt, im Stil einer dreischiffigen Basilika erbaut und 1896 von Kaiser Wilhelm II. eingeweiht.

Lange hat Altona auf diesen Moment hingearbeitet, den eingleisigen Hafenbahntunnel gegraben, der bald nur noch

Auf dem Fischmarkt Altona notiert ein Mann die zum Verkauf stehenden Fänge auf eine Tafel

Schellfischtunnel genannt wird, weil er vor allem dazu dient, fangfrischen Fisch vom Altonaer Fischereihafen durch den steilen Geesthang zum neuen, hoch gelegenen Bahnhof zu schaffen. Weil der Bahnhof (heute genutzt als Altonaer Rathaus) noch einmal landeinwärts verlegt wird, muss auch der Tunnel verlängert werden, nun ist er fast 1000 Meter lang.

Nach dem Tod des Auktionators Johann Cohrs macht die Witwe weiter, aber der Magistrat befindet: Eine Frau als Fischauktionatorin, das passt nicht ins Weltbild. Also macht er der Firma H. Köser in St. Pauli das Angebot, die Altonaer Auktion zu übernehmen. Weil Altona nun einmal die deutlich attraktivere Fischauktionshalle und modernere Anlagen vorweisen kann, wechselt Köser die Seiten. Hamburg hat das Nachsehen.

Bis zum Ersten Weltkrieg werden 80 Prozent aller deutschen Heringsfänge in Altona versteigert. Danach gelingt es Hamburg endlich, die Lage zu klären. Im Januar 1934 fusionieren die Fischmarktgesellschaften zur Fischmarkt Hamburg-Altona GmbH, das Groß-Hamburg-Gesetz von 1938 verfügt Altonas Eingliederung in die Hansestadt Hamburg.

Die Bombennächte des Zweiten Weltkriegs hinterlassen bei beiden Fischauktionshallen schwere Schäden. Die Hamburger Fischauktionshalle wird 1971 abgerissen. Heute gibt es dort einen Parkplatz. Auch der Altonaer Halle droht das Aus. Für Versteigerungen wird sie nicht mehr gebraucht, sie dient als Lager und steht den Plänen des Senats im Weg.

Doch der Kuppelbau an der Waterkant findet Interessenten, mit denen nicht zu rechnen war: 1973 gründen Münchner Theaterleute, Hamburger Designer, Architekten und freischaffende Stadtplaner den Verein „Volkshaus Fischmarkt“, um die Halle in ein soziokulturelles Zentrum mit Sprachunterricht für Gastarbeiterkinder, Mütterberatung und Altenbetreuung zu verwandeln. Geplant sind ein Kino, eine Bühne, eine Spiellandschaft, Ateliers und ein Puppentheater, dazu ein Fischrestaurant, Cafés und ein Biergarten. Vorsorglich stellt der Senat 3,5 Millionen D-Mark für die Renovierung bereit.

Die Bürgerschaft beschließt, das Bauwerk unter Denkmalschutz zu stellen, und der Hamburger Architekt Günter Talkenberg bekommt den Auftrag, den Bau zu renovieren – eine knifflige Aufgabe, denn die Glaskuppel muss neu errichtet werden, und die Verzierungen an den Fenstern sind nur durch alte Schwarz-Weiß-Fotos dokumentiert. 1984 erhält das Denkmal das „Europa-Nostra-Diplom“ für herausragende Leistungen im Bereich der Erhaltung wertvollen Kulturerbes.

Das Erbe ist wetterfest. Der bisher höchste Pegelstand in St. Pauli wird 1976 gemessen: 6,45 Meter über Normal Null. Die Halle steht dann nahezu mannshoch unter Wasser. Sie hält den Fluten stand, Hochwasserschutz ist nicht vonnöten, weil hier niemand wohnt. Toiletten und Stromanschlüsse sind im ersten Stock.

Die Große Elbstraße ist immer noch Hamburgs Fischmeile. Dort beginnt morgens um vier der Fischverkauf der Großhändler. Hinter der Altonaer Fischauktionshalle beginnt der Fischmarkt. Die Mutter aller Hamburger Open-Air-Events steigt jeden Sonntag ab fünf Uhr morgens, im Winter ab sieben – und dient als Zielhafen für Nachtschwärmer und Festival für Frühaufsteher. In der Fischauktionshalle gibt es dann Livemusik und Verkaufsstände für kulinarische Kleinigkeiten und maritime Andenken.

Mieten kann man sie auch: als Eventlocation mit Showbühne und Gastronomie für bis zu 3500 Besucher. Und wenn das Wasser kommt, muss niemand um sein Leben fürchten, die Halle wird früh geräumt. In Gefahr sind nur die Autos, die nicht rechtzeitig in sichere Bereiche gebracht werden konnten.

Autor Emanuel Eckardt, 81, geborener Hamburger, wurde mit Fisch großgezogen und erinnert sich noch gern an die rauschende mare-Party von 2012. Damals feierte der mareverlag sein 15-jähriges Bestehen – in der Altonaer Fischauktionshalle.
Die gezeigten Fotografien sind alle von Fide Struck (1901–1985). Der Hamburger Fotograf hinterließ einen Koffer mit 3000 Negativen, den sein Sohn erst 2015 wiederfand. Eine Auswahl präsentierte das Föhrer Museum Kunst der Westküste in einer Retrospektive. Das Buch zur Ausstellung, „Der richtige Moment – Fide Struck“, erschien im Verlag Imhof.

No. 161
mare
Die Zeitschrift der Meere
www.mare.de
Horizont
Die magische Grenze zwischen Himmel und Meer
20 000 Meilen unter der Stadt Das Kristallmeer im Ural
Superyachten Das Kapital manifestiert sich
Meeresoberfläche Hauchdünn, aber voller Leben
Ich lese mare
Sebastian Koch
Schauspieler

ENDSTATION

OZEAN

VON JENS ROSTECK

ES WAR EIN IRRWITZIGES VORHABEN: VOR 120 JAHREN LIESS DER SCHWERREICHE UNTERNEHMER HENRY FLAGLER EINE EISENBAHN VON FLORIDA ÜBERS MEER BIS NACH KEY WEST BAUEN

Vorhergehende Doppelseite **Ein Zug auf der Key West Extension bei Nacht, Postkarte um 1927**

Oben **Diese Stahlbrücke verband Bahia Honda Key mit Spanish Harbor Key**

KEIN ZWEIFEL, SOUTHERN FLORIDA is the place to be. Sexy und unbeschwert, kosmopolitisch und ultratolerant. So zumindest lautet das Klischee. Umso unvorstellbarer, dass noch vor 140 Jahren kein Durchschnittsamerikaner seinen Fuß in dieses mittlerweile gelobte Land gesetzt hätte. Genau dort, wo sich heute wie an einer Perlenschnur aufgefädelt an der Ostküste Hotspot an Hotspot reiht, zwischen Daytona, Fort Lauderdale und Key Biscayne, war um 1880 tiefstes touristisches Niemandsland. Schwach besiedelt und vernachlässigt.

Gewiss, Key West gab es bereits und konnte eine stattliche Zahl von Einwohnern aufweisen, galt es doch mit seinem kleinen Hafen und reger Handelsaktivität, auch der strategischen Lage wegen – dichter an Kuba als jede andere Siedlung in den USA –, als „America's Gibraltar". Nur mit Schiffen gelangte man hierher, Neuengland oder Louisiana waren mehrere Tagesreisen entfernt. Den anderen Keys schenkte man damals wenig Beachtung, obwohl sie von Riffen geschützt und kaum den Gezeiten ausgesetzt waren. Von Miami war aber überhaupt noch nicht die Rede: ein weißer Fleck auf der Landkarte. Mehr als einen Außen-

Oben **Der junge Henry Morrison Flagler mit seinen Eltern.**
Unten **Premiere am 22. Januar 1912 – der erste Zug erreicht Key West**

posten samt Militärbasis namens Fort Dallas hatte der heute so heiß begehrte Standort nicht zu bieten.

Und wer gar vorhatte, von Amelia Island und Jacksonville an der Nordgrenze Floridas zu Georgia ins spanisch anmutende St. Augustine weiterzuziehen, dem blieb nichts anderes übrig, als eine umständliche Reise auf sich zunehmen, per Schiff den St. Johns River entlangzugondeln und die Fahrt mit der Kutsche fortzusetzen. Die Bahnstrecke endete nördlich hiervon, ziemlich abrupt, in Jacksonville, und südlich davon befand sich, über Hunderte Meilen, sumpfige, von Moskitoschwärmen verpestete Terra incognita. Ordentliche Unterkünfte waren eine Seltenheit, und es bestand keinerlei Infrastruktur. Wer hier längere Zeit verweilen wollte, war dazu verurteilt, sich einzuschränken, und sah sich mit Monotonie konfrontiert. Annehmlichkeiten, Vergnügungen? Fehlanzeige.

Genau diese leidvolle Erfahrung musste der schwerreiche Großindustrielle Henry Morrison Flagler, seines Zeichens Unternehmer, Erdölmagnat und, gemeinsam mit den Gebrüdern Rockefeller, Gründungsaktionär der immens erfolgreichen Standard Oil Company, machen, als er mit seiner ersten Frau Mary zur Erholung nach Jacksonville reiste. Im milden Winter Floridas sollte ihre chronische Bronchitis endlich ausheilen und ihr zu dauerhafter Erleichterung verhelfen. Flagler war ein umtriebiger Selfmademan um die 50, der es mit Investitionen in der Montanindustrie zu beträchtlichem Vermögen gebracht hatte und sich auf Erfolgen gar nicht erst ausruhte, sondern seine Machtstellung systematisch ausweitete.

Einige Jahre später besuchte Flagler erneut Florida, nachdem er lange unter dem Tod und Verlust seiner geliebten Mary gelitten hatte, als Witwer und Neuehemann, in Begleitung seiner zweiten Gattin Ida. Diesmal wagte er die Weiterfahrt nach St. Augustine, erlag auf der Stelle dem Charme dieses schmucken Küstenstädtchens – die älteste Ansiedlung durch Europäer auf amerikanischem Boden –, zeigte sich jedoch entsetzt angesichts des offenkundigen Mangels an touristischen Angeboten und des ungenutzten Potenzials dieser klimatisch wie topografisch so gesegneten Gegend.

Auch in den Flitterwochen legte er die Hände nicht in den Schoß, sondern witterte ungeahnten Gestaltungsspielraum in einer Region, die augenscheinlich nur auf entscheidungsfreudige, mutige Investoren wie ihn gewartet hatte. So beschloss er, der aus seiner Sicht unverständlichen Lähmung schleunigst ein Ende zu bereiten.

Als Mann der Tat klinkte er sich in bereits bestehende Bauvorhaben für Luxushotels ein und begann sogleich mit der Planung eines eigenen: dem fürstlich ausgestatteten „Ponce de León“ mit nicht weniger als 540 Zimmern, wobei Bauherr wie Architekt einen hispanisierenden, schwelgerischen Stil favorisierten. Als es 1888 seine Pforten öffnete und zu einer der begehrtesten Nobelabsteigen an der aus ihrem Dornröschenschlaf erwachenden Südostküste avancierte, waren bereits weitere, ebenso ambitionierte Flagler-Hotels im Bau. Die Gäste aus den Großstädten des kalten Nordens, von denen

die wohlhabendsten sich gleich für mehrere Wochen einmieteten, staunten nicht schlecht, als sie sahen, dass sich die Wintermonate im eigenen Land inmitten von Orangenplantagen verbringen ließen und man, bei konstant wohltuendem Wetter, den Ozean direkt vor Augen hatte und nicht aufs Golfspiel verzichten musste.

Man huldigte einem mediterranen Ambiente, und binnen Kurzem war die Idee einer „Amerikanischen Riviera" geboren. Mit Strandpromenaden, Restaurants, Tanzlokalen und Golfplätzen. Mit latent europäischem Flair. Niemand, so Flaglers Vorstellung, musste von nun an mehr an die italienische Adria oder an die französische Mittelmeerküste reisen. Die Urbanisierung von St. Augustine und bald auch von weiter südlich gelegenen Orten am Atlantik wurde so zum Inbegriff des Dolce Vita auf dem Höhepunkt des Gilded Age – jener Ära im ausgehenden 19. Jahrhundert, in der die Blütezeit der amerikanischen Wirtschaft einherging mit einem gehobenen Lebensstil und einer genusssüchtigen High Society, dem Geldadel von Chicago, Boston und New York.

St. Augustine wurde innerhalb nur eines Jahrzehnts immer beliebter und boomte schließlich, ganz im Sinn seines „Erfinders". Doch für Flagler war dieser erste Abschnitt lediglich der Ausgangspunkt für ein weiter reichendes Unterfangen – die systematische Eroberung von Mittel- und Südflorida. Seine nächsten Stationen waren Daytona und bald darauf das der Küste vorgelagerte Palm Beach, dem er, als Neugründung, auf dem Festland West Palm Beach zur Seite stellte.

Parallel zur Urbanisierung vieler Ortschaften investierte er in großem Stil in den Ausbau und die Modernisierung des Eisenbahnnetzes. Er kaufte bestehende, meist schmalspurige und nicht länger rentable Teilstrecken, deren Besitzer heilfroh waren, sie endlich los zu sein, setzte sie instand, spurte sie um, verlängerte sie und ließ zur Überquerung von Sümpfen und Seen Pfeiler errichten, wobei er die Grenzen der Bahnbautechnik scheinbar mühelos überwand und sogar Stahlbrücken zum Einsatz kamen. In atemberaubendem Tempo kroch die Florida East Coast Railway, wie sich das Netzwerk ab 1895 nannte, in Richtung Südküste voran.

Eigentlich hätte er sich zu diesem Zeitpunkt hochzufrieden mit dem Erreichten zur Ruhe setzen können – „Schöpfungen" wie West Palm Beach hatten sich, rund um den Lake Worth, zu pulsierenden Städtchen entwickelt und rangierten in der Gunst der Überwinterungswilligen ganz oben.

Zwei neue Flaggschiffe krönten seine Hotelflotte: das „Royal Poinciana", ein gigantischer Holzbau mit staunenswerten 1100 Zimmern, und die Monumentalherberge „The Breakers", die alles bot, was des reichen Touristen Herz begehrte, inklusive eines unverbaubaren Blicks auf den Ozean. Nicht wenige Bewunderer verglichen Flaglers Festungen damals mit den architektonischen Errungenschaften von Versailles.

Zwei schwere, frostreiche Winter, die auch den Norden Floridas nicht verschonten und große Abschnitte des von ihm eroberten Küstenstreifens in Mitleidenschaft zogen, erschütterten indessen den Glauben des Mittsechzigers in die „ewige" klimatische Milde seiner Wahlheimat. Und gefährdeten noch dazu ernsthaft die Reputation des bis dato makellosen Sonnenstaats: Nicht auszudenken, wenn die Floridajünger aufgrund negativer Wetterschlagzeilen seltener hierher reisen oder gar vollends ausbleiben würden.

So kam es, dass Flagler nun doch auf das immer wieder erneuerte Angebot einer gewissen Julia Tuttle einging. Tuttle, Tochter eines Plantagenbesitzers aus Ohio und ebenfalls ein Mensch mit ausgeprägtem Pioniergeist, träumte als Residentin des bedeutungslosen Fort Dallas schon seit einer gefühlten Ewigkeit davon, eine attraktive Großstadt im Südosten Floridas aus dem Boden zu stampfen.

Jahrelang hatte sie, praktisch von der Außenwelt abgeschnitten, dem Railway-King mit ihren Plänen in den Ohren gelegen, seine Bahnlinien nicht willkürlich in West Palm Beach enden zu lassen, sondern bis zu ihren Ländereien zu verlängern und ihr bei der Gründung einer neuen Stadt behilflich zu sein. Ohne Erfolg. ➢

Linke Seite **Flaglers Monumentalherberge „The Breakers" bot alles, was des reichen Touristen Herz begehrte, inklusive eines unverbaubaren Blicks aufs Meer**

Rechts **Das „Ponce de León" eröffnete 1888 und avancierte zu einem der begehrtesten Nobelhotels an der US-Südostküste**

Nun aber schien der Zeitpunkt zum Einlenken gekommen. Flagler holte Erkundigungen hinsichtlich der Machbarkeit für eine weitere Ausdehnung gen Süden ein. Als Gegenleistung für Tuttles umfangreiche Landschenkungen gab er schließlich seine Einwilligung, und Miamis Geburtsstunde hatte geschlagen. The rest is history: Tuttle und Flagler gingen in der Folge als „Mutter" und „Vater" von Miami in die Geschichte ein.

Verfahren wurde nach dem bewährten Prinzip: Urbarmachung des Terrains, Schienenverlängerung, Bahnanschluss, Bau großer Hotels (hier zuerst das „Royal Palm", mit Blick über die Biscayne Bay), Werbung für nachhaltigen Tourismus, Immigration von Arbeitssuchenden und Fachkräften, Planung und Errichtung ganzer Straßenzüge mitsamt einer Downtown, Ansiedlung weiterer Gewerbezweige, Schaffung von attraktiven Bedingungen für Betriebe, Erlaubnis zur Etablierung von Glücksspieleinrichtungen.

Dass Miami als „Magic City" in nur wenigen Jahren nach dem Startschuss (1896/97) Menschen aus allen Landesteilen der Vereinigten Staaten anziehen und bald, kaum eine Generation später, mit einer imposanten Skyline und einem Nachtleben sondergleichen aufwarten würde, damit konnten Tuttle und Flagler, als sie ihren folgenreichen Vertrag unterzeichneten, nicht einmal in ihren kühnsten Träumen rechnen.

Doch Henry Morrison Flagler war in seinem siebten Lebensjahrzehnt noch immer nicht am Ziel seiner Wünsche angelangt, so wie auch seine Bahnlinie nicht einfach vor einer natürlichen Grenze wie der Ozeanküste kapitulierte. Er legte noch einen drauf und landete, gleich nach der Jahrhundertwende, seinen größten Coup: mit der ultimativen Verlängerung der Strecke bis zur südlichsten der Inseln, Key West, womit sie zur Florida Overseas Railroad wurde. Erst dort war Endstation.

Mehrere Generationen lang galt dieses Bauvorhaben von wahrhaft pharaonischen Ausmaßen als achtes Weltwunder und technisches Meisterstück. Und auch als Wagnis. Zwar hatten zu Beginn die Leuchttürme auf den Keys den unberechenbaren, zerstörerischen Hurrikans standgehalten, von denen die Inselgruppe regelmäßig heimgesucht wird, aber es kam, während der verheerenden Wirbelstürme von 1906, 1908 und 1910, gleich dreimal in Folge zu erheblichen Rückschlägen. Dutzende Arbeiter verloren dabei ihr Leben; gravierende Sturmschäden stellten den Fortgang des Projekts ernsthaft in Frage.

Flaglers Anhänger schlugen die Warnungen der Natur in den Wind. Was sie antrieb, war ein Wettlauf mit der Zeit. Ihre Railroad hatte mit dem gleichzeitig entstehenden Panamakanal schließlich einen ernsthaften Konkurrenten bekommen. Schon bald beherrschte nur noch eine Frage die öffentliche Diskussion: Welches Land hat als erstes den schnellsten Zugang zu Mittel- und Südamerika? Also drückte man auf die Tube, kam als Erster ins Ziel, und im Januar 1912 war Flaglers Lebenswerk mit der Fertigstellung und Eröffnung der Key West Extension, zugleich das Glanzstück seines Imperiums, vollendet.

Das Miterleben der festlichen Einweihung war ihm, im 82. Lebensjahr, noch vergönnt, und als er im Folgejahr starb, konnte sich seine Bilanz nach drei Jahrzehnten unermüdlicher wie auch rücksichtsloser Erschließung Floridas sehen lassen – an die 50 Millionen US-Dollar hatte er aus eigener Kraft aufgebracht und verbaut. Key West liegt seither näher am Panamakanal (der erst 1914 in Betrieb genommen wurde) als irgendein anderer Hafen der USA, und sein Vermächtnis, die Extension, funktionierte und bestand gut ein Vierteljahrhundert.

Links **Broschüre zur Eröffnung der Key West Extension.** *Oben* **Hurrikanschäden, 1935.** *Rechte Seite* **Flagler bei der Einweihung des Eisenbahndepots auf Knights Key, 1908**

So profitabel wie erhofft war die Bahnlinie südlich von Miami hingegen, auf lange Sicht, zu keiner Zeit. Was dem Prestige des Projekts – und seinem anfangs großen wirtschaftlichen Erfolg in den nördlichen Abschnitten – aber keinen Abbruch tat. 23 Jahre nach dem Start ereignete sich über den Florida Keys jedoch mit dem Labor-Day-Hurrikan im September 1935, dem wohl schwersten Wirbelsturm der US-amerikanischen Geschichte, eine echte Katastrophe.

Zentrale Passagen der über den Ozean führenden Eisenbahnlinie wurden vernichtet, es kam zu fatalen Unfällen und Entgleisungen, ein ganzer Zug wurde bei Islamorada von der Sturmflut weggespült, Baracken wurden dem Erdboden gleichgemacht, große Teile des aufgeschütteten Damms fielen der Zerstörungswut der Elemente zum Opfer und glichen einem riesigen Trümmerfeld, mehr als 400 Menschen, die meisten davon Veteranen und Gefangene, kamen unter grausigen Umständen ums Leben.

Der Hurrikan hatte eine Schneise der Verwüstung durch das Inselparadies gezogen und ihm Wunden zugefügt, die nie richtig heilen sollten. War das der Preis für die inhumane Schinderei, für die mutwillige und auch anmaßende Erschließung der zuvor unberührten Kette der Keys? Lag damit eine Antwort auf die Frage vor, wie weit man ihr „von Menschenhand“ zu Leibe rücken konnte und sollte?

Von diesem plötzlichen, dramatischen Schlussakkord als Finale eines schon seit Längerem angestimmten Schwanengesangs erholte sich der südliche Teil der Florida East Coast Railway jedenfalls nie mehr. Die Strecke über die Inseln wurde nach der tödlichen Zäsur gar nicht erst wieder aufgebaut. Bis ins Jahr 1968 immerhin, nachdem gewaltige finanzielle Verluste, das Kuba-Embargo, Stilllegungen, Zugsprengungen und sogar Sabotageakte der Eisenbahn schwer zugesetzt hatten, wurde nördlich davon noch der Personenverkehr aufrechterhalten.

Was mittlerweile wie ein ästhetisches Land-Art-Phänomen wirkt und die Fantasie heutiger Key-Reisender so ungemein beflügelt, entsprang also ursprünglich einer pragmatischen Überlegung zur Wiedernutzbarmachung: Auf den Überresten der Bahnviadukte war nach und nach der Overseas Highway errichtet worden. Die neue Streckenführung für die Autos verlief eben einfach parallel zu früheren Bahn- und Straßenabschnitten.

Demnach kann man jetzt, 42 Brücken lang, diese „attraktiven“ Ruinen mit Fug und Recht als langsam verwitternde Mahnmale gegen menschliche Vermessenheit und technische Hybris deuten. Oder darf, mit weniger Fatalismus und im Gedenken an die Leistungsbereitschaft einiger Ambitionierter und vieler Ausführender, die vielen beeindruckenden Perspektiven für die Dauer der Überfahrt genießen. Und überall da haltmachen, wo früher die Züge weiterrollten.

Autor Jens Rosteck, Jahrgang 1962, promovierter Musikologe und Literaturwissenschaftler mit langjähriger Frankreichvergangenheit, konnte sich bei seinen zahlreichen Überquerungen der Florida Keys an der eigenwilligen Schönheit der alten Brücken, Pfeiler und Streckenfragmente kaum sattsehen.

Gibt es wirklich niemanden?

mare No. 143, Strandgut, „Krabben teurer wegen Corona"

Warum überhaupt werden Nordseekrabben in Marokko gepult? Klar, es geht mal wieder ums Geld. Aber: Was würden denn 100 Gramm in Büsum gepulte Nordseekrabben kosten? Und was würden 100 Gramm in Marokko gepulte Nordseekrabben kosten, wenn dort faire Löhne gezahlt würden? Und vor allem: Wenn die wahren Kosten, also die Umweltkosten für Flüge zwischen Deutschland und Marokko und die Lkw-Transporte zu/von den Flughäfen, eingerechnet würden? Stünden die Büsumer Krabben dann nicht plötzlich ganz gut da? Und gibt es wirklich niemanden, der bereit ist, das Geld zu bezahlen? Für frischere, unbehandeltere Ware und heimische Arbeitsplätze? Zu dieser Notiz würde ich mir einen Beitrag in mare wünschen.

Katrin Lechler, per E-Mail

Zugegeben, es ist schon lange her. Aber schon in mare No. 13, in der Reportage „Nordsee–Marokko und zurück" haben wir uns des Problems der reisenden Krabben angenommen. Unsere Hoffnungen auf ein Ende des Unsinns haben sich nicht erfüllt.

Zart und geräuschlos

mare No. 143, „Die Verkannten der Meere"

Als begeisterte mare-Leserin war es für mich Freude und Aufregung, als ich Ihren Bericht über Orcas gelesen habe. Auch ich habe eine Geschichte mit einem Schwertwal zu erzählen. Es war an einem Sonntag Ende September 1971, und ich war acht Jahre alt. Im Rahmen des Oktoberfests in München fand eine Orca-Show statt, die meine Familie und ich besuchten. Wir saßen im Zelt im oberen Drittel der Ränge, als die Moderatorin fragte, wer sich denn trauen würde, nach vorne zu kommen und sich an den Beckenrand zu stellen. Ich stand sofort auf, folgte der Einladung der Ansagerin, ohne auf die Einwilligung meiner Eltern zu warten, und marschierte die Treppen nach unten. Die Moderatorin meinte, ich solle mich doch mit meinem Oberkörper über den Beckenrand beugen. Und wie aus dem Nichts, ganz zart und geräuschlos, tauchte plötzlich ein riesengroßes, breites Maul vor mir auf und berührte meine Lippen. Gefühlt war das sehr schwammig und salzig. Der Orca tauchte wieder ab, und vorbei war es. Daraufhin ging ich stolz zurück auf meinen Platz. Zwei Tage später stand in der Zeitung, dass das Orcaweibchen Wally auf dem Transport verstorben sei. Ich war sehr traurig. Mein Bruder ärgerte mich mit der Bemerkung, dass Wally wegen meines Kusses gestorben sei, sehr. Ich aber wusste damals schon, dass das Unglück nichts mit mir zu tun hatte, sondern die Bedingungen der Haltung und des Transports für das tragische Ende von Wally verantwortlich sind. Unglaublich aus heutiger Sicht ist, was man diesen mächtigen, beeindruckenden Tieren damals angetan hat.

Marion Richtsfeld, München

Wir freuen uns über Ihre Briefe, müssen uns aber Kürzungen vorbehalten.
mare Leserbriefe, Pickhuben 2, 20457 Hamburg, mare@mare.de

Mein Hooge, *31.*

Unser Kolumnist reiste als Jugendlicher achtmal nach Hooge. Jetzt, nach 30 Jahren, erkundet er die Hallig erneut, als Erwachsener, als Stadtmensch, mit tausend Fragen im Gepäck – diesmal über das Weihnachtsfest auf Hooge

Text: Jan Keith
Illustration: Orlando Hoetzel

WENN ICH AN WEIHNACHTEN DENKE, DENKE ich zuerst an meinen in diesem Sommer verstorbenen Schwiegervater. Denn er war vermutlich der beste Weihnachtsmann der Welt. Jedes Jahr, kurz vor Heiligabend, zog er sich die rote Kutte über, klebte sich den weißen Rauschebart an und spielte in Erfurter Kinderheimen seine Paraderolle.

Die beherrschte er perfekt. Nie gab es die Rute, immer nur Geschenke, ermutigende Worte, Umarmungen. 40 Jahre lang hat er den Weihnachtsmann verkörpert – und Generationen von Heimkindern glücklich gemacht.

So einen hätten sie auf Hallig Hooge gut gebrauchen können. Denn dort war der Weihnachtsmann überhaupt nicht lieb. Im Gegenteil, für viele Kinder war er das personifizierte Grauen.

Dieses Grauen trug im 19. Jahrhundert noch nicht den Namen Weihnachtsmann, sondern hieß Krumpmann, eine mit dem Nikolaus vergleichbare Figur. Dieser ging auf Hooge mit seinem Sack und einer Rute von Haus zu Haus, um „mit den unartigen Kindern abzurechnen“, wie ein Hooger berichtet. Je mehr Sünden ein Kind begangen hatte, desto höher fiel die Strafe aus. Überliefert ist zum Beispiel, dass der Krumpmann – gespielt von einem Hooger – schon mal ein Kind in seinen Sack steckte und erst wieder befreite, wenn ausreichend Buße versprochen war.

Belohnungen gab es zwar auch, aber nicht vom Krumpmann (der war nur für Bestrafungen zuständig), sondern von seiner Frau, die ihn bei seinen Hausbesuchen begleitete. Sie hieß Frau Kinken und wurde von einem Mann in Frauenkleidern mit weißer Schürze dargestellt. Frau Kinken verteilte selbst gemachte Bonbons (aber nur an die artigen Kinder). Mehr Geschenke gab es nicht, Hooge war seinerzeit bitterarm.

Es fehlte den Menschen an allem, auch an Weihnachtsbäumen (auf der Hallig gibt es bis heute praktisch keine Bäume). Also behalfen sich die Hooger mit einer Art Fake-Weihnachtsbaum.

Sie bauten mühevoll aus Treibholz und grünen Weidenzweigen ein baumähnliches Gestell, das sie Kinkenboom nannten. Als Baumschmuck dienten Ochse, Schwein, Fisch, Hahn, Mühle und Schiff, gebacken aus Kuchenteig, ein wildes Durcheinander von heidnischen und christlichen Symbolen. Am Fuß des Fake-Baums platzierte man Adam und Eva am Apfelbaum, ebenfalls aus Kuchenteig. An den Querstreben hingen auf Schnüre gezogene Rosinen.

Die erste echte Weihnachtstanne bekam Hallig Hooge erst um 1880 – man hatte sich die Tradition von Amrum abgeschaut. Der Pastor schmückte sie und stellte sie ins Pastorat, wo Schulkinder ihr einen Besuch abstatten durften. Einen der ersten privaten Tannenbäume besaß bald darauf die Familie Diedrichsen – was allerdings einem Zufall geschuldet war: Peter Diedrichsen, Jahrgang 1874, erzählte später, wie sein Vater den Tannenbaum als Treibgut am Strand gefunden hatte.

Dennoch, ab 1900 verdrängte der Tannenbaum auch in anderen Halligaushalten den selbst gebauten Kinkenboom. Zur selben Zeit verschwand auch der böse Krumpmann, was für die Hooger Kinder einen erheblichen Fortschritt bedeutete. Übrig blieb nur noch die liebe Frau Kinken, die sich binnen weniger Jahre in einen Mann verwandelte und schließlich nur noch „Kinken“ hieß, das Hooger Synonym für Weihnachtsmann.

Die große Euphorie wollte sich dennoch nicht einstellen. Selbst in den 1950er-Jahren sei Weihnachten noch „ziemlich schrecklich“ gewesen, erinnert sich ein gebürtiger Hooger. Denn für die Kinder habe es immer noch keine großartigen Geschenke gegeben. „Schon eine einzige Apfelsine galt als etwas Besonderes. Das Hauptgeschenk konnte durchaus ein selbst gestricktes Paar Strümpfe sein.“

Einzig die Kinder, deren Eltern damals schon ihre Häuser an Sommergäste vermieteten, liebten Heiligabend. Sie bekamen jedes Jahr von den wohlhabenden Stammgästen, mit denen man einen freundschaftlichen Umgang pflegte, Geschenke geschickt. So ein Paket vom Festland war für die Hooger so wertvoll wie für DDR-Bürger das „Westpaket“.

Und heute? Heute ist das Hooger Weihnachten so wie woanders auch. Der Weihnachtsmann heißt Weihnachtsmann, und Geschenke en masse bringt der Amazon-Bote.

Ob die Hooger Kinder dadurch wirklich glücklicher sind als früher? Ich weiß es nicht. Zu gern würde ich dieses Weihnachten meinen Schwiegervater nach Hooge schicken. Vorsichtshalber, für die warmen Worte und Umarmungen.

DAS INNERE AUSSEN

Im baskischen Donostia verlegte die Bildhauerin Cristina Iglesias den Meeresboden der Biskaya ins Innere eines früheren Leuchtturms

Von Karl Spurzem

DIE BUCHT VON DONOSTIA-San Sebastián, genannt La Concha, „die Muschel“: Wenn einer die perfekte Bucht zu zeichnen hätte, und erst recht, wenn er einen leichten Zwang zur Symmetrie hätte, sie wäre als Vorbild ideal. Sie bildet ein wundersam perfektes Omega, das auf dem Kopf steht, das Rund gerahmt von einem makellosen goldgelben Stadtstrand, der gesäumt ist von einer prachtvollen Promenade und diese wiederum mit einer Kette von Stadtpalästen einer selbstbewussten baskischen Bourgeoisie. Am westlichen Ende der Concha singen die „Windkämme“, die stählernen Skulpturen des großen Sohns der Stadt Eduardo Chillida, ihr Lied; am östlichen liegen, am kleinen Hafen, die Gassen der Altstadt. Hier beginnt allabendlich eine seltsame Prozession von Gourmets, es geht von einer kleinen Bar zur nächsten, in denen es die köstlichen Mundportionen der baskischen Miniaturküche gibt, *pintxos*, die reiche Verwandtschaft von Spaniens *tapas*, die in Donostia schamhaft geleugnet wird. Und wie der Schönheitsfleck im Gesicht einer anmutigen Frau prangt inmitten der Bucht die Isla Santa Clara. An sonnigen, warmen Tagen ist die Concha der lieblichste Ort weit und breit.

An Sturmtagen im Winter ist die Concha der ungemütlichste Ort der Welt. Wenn die Biskaya tobt und Böen den Atlantik in die Bucht schlagen, dann verschwindet der Felsen von Santa Clara in Gischt und Nebel. Niemand hat die Schiffe gezählt, die an ihm zerschellt waren, weil sie die Einfahrt in die Concha nicht fanden. Drum steht dort seit 1864 ein Leuchtturm. Aber die Zeit ist über ihn hinweggegangen, mit ihrem GPS und AIS und Kartenplottern. Seit mehr als 20 Jahren ist er außer Betrieb.

Es war die *Donostiarra* Cristina Iglesias, ein weiteres großes Kind der Stadt, die die Idee hatte, aus dem verwaisten Leuchtturm ein Kunstwerk zu machen. Sie, die in aller Welt bekannte Bildhauerin, wurde in Donostias Altstadt, an einem Herbsttag 1956, geboren, der Anblick der Insel und des Leuchtturms war ihr vertraut und ging ihr nie aus dem Kopf. Irgendwann überzeugte sie die Stadt davon, aus dem Leuchtturm ein Kunstwerk zu machen, einen Leuchtturm der Kunst.

Cristina Iglesias hatte zuerst Chemie studiert, dann aber ihrer Neigung zur Kunst nachgegeben; sie studierte in Barcelona, schließlich in London an der renommierten Chelsea School of Art Bildhauerei und wandte sich fortan der Großskulptur im öffentlichen Raum zu. Vor allem ihre Arbeiten für Umeå, Schweden, für Toledo, Antwerpen und London zeigten den Antrieb ihres künstlerischen Denkens: Untergründe, Untergründiges, Unsichtbares sichtbar zu machen.

Dem Leuchtturm in Donostia, ihrem jüngsten Werk, gab sie schon früh den Projektnamen „Hondalea“, „Abgrund des Meeres“ auf Baskisch, und der Name verweist auf den Ausgangspunkt dessen, was sie in Bronze zu gießen gedachte: ein Abbild des Bodens der Concha, des Urgrunds der Stadt und ihrer Küste.

Ihr kühner Plan: den Leuchtturm auszuhöhlen und im Innern eine Bronzeskulptur aufzustellen, gewaltig groß, 45 Einzelteile mit einem Gesamtgewicht von 15 Tonnen. Ein an der Innenwand umlaufender Gang würde das Werk von allen Seiten betrachtbar, erspürbar machen. Ein weiterer Clou: Meerwasser sollte kraftvoll durch das Gebilde spülen, sodass zu der optischen auch eine akustische und sogar eine Hautwahrnehmung möglich wäre.

Der Aufwand war enorm, ebenso die Kosten: der Rückbau und die Sanierung des Leuchtturmhauses, die Demontage des Dachs, um die riesigen Bronzen, die anderswo in Gießereien gegossen wurden, ins Innere absenken zu können, das alles mit Helikoptern, dazu die Ertüchtigung des Fähranlagers an der Insel, die Erschließung der Wege zum Leuchtturm, Einrichtungen für die zu erwartenden Besucherströme und so fort.

Der Argwohn der sich oft als geknechtete Minderheit, als von Separatistenterror gebeutelte Nation ohne Staat empfindenden Basken und ihr typischer nüchterner Pragmatismus waren anfangs beträchtlich. Andererseits berührte die

Vorherige Doppelseite links **Beinahe sakral: der Innenraum des Leuchtturms mit den Bronzen im Sockel**

Rechts daneben **Die Isla Santa Clara mit dem Leuchtturmhaus, Blick nach Westen**

Rechte Seite **Die 45 Bronzegüsse bilden ein geschlossenes Ensemble**

Nächste Doppelseite links **Luftaufnahme des Leuchtturms ohne Dach. Die Bronzen wurden per Helikopter herangeschafft und abgesenkt. Später wurde das Dach wieder gedeckt**

Rechts daneben **Cristina Iglesias. Die in Donostia Geborene lebt und arbeitet heute nahe Madrid**

Idee von „Hondalea" die Seele der Basken im Innersten. Dem Meer, den Küsten, der Fischerei sind die Basken zugewandter als andere Küstenvölker, die Zunfthäuser der Fischer sind nicht selten die repräsentativsten Gebäude der Gemeinden. Zudem war die Bildhauerin eine von ihnen. Die Chancen, dass „Hondalea" geliebt werden würde, waren gut.

Fünf Jahre dauerte der Umbau, die Güsse, die Installation; die Kosten stiegen, der Stadtrat, der das Werk genehmigte und finanzierte, musste unangenehme Medienfragen beantworten.

Sie waren schnell vergessen. Als Cristina Iglesias „Hondalea" eröffnete, war die Begeisterung groß. Baskische vor allem, aber auch spanische und ausländische Medien bejubelten Werk und Schöpferin, es regnete nationale und internationale Preise, die Kunstinteressierten kamen in Strömen.

Was sie zu sehen bekamen, berührte sie. Ein ausgehöhlter, offener, sakral wirkender Raum, der seiner ursprünglichen Aufgabe beraubt, aber mit einer neuen betraut ist: den Urgrund des Meers sichtbar zu machen, ihn beschützend zu bergen und zugleich den Zugang zu ihm zu erleichtern. Die Bronzen zu Füßen der Besucher, der edle Glanz, von einer Farbe, wie man sie an den Klüften der Küste rechts und links von Donostia wiederfindet, die warmen Brauntöne des Gesteins und die goldenen des Blasentangs, amorphe Schuppungen alter Algenschichten – das ist das Abbild organischer Biomasse und anorganischer Erdmasse.

Die Texturen des ehernen Gesteins sind eine Sensation. Sie entstammen dem Flysch, so der seltsame geologische Name des Meeressediments, das durch seine enge Faltung einzigartige Formen annimmt, die besonders ausgeprägt im nahe gelegenen Küstenmassiv des Jaizkibel zu finden sind. Dort hat Cristina Iglesias Abdrücke genommen, die sie dann in der Gießerei von Hand bearbeitete – von der Realität inspirierte Fiktion.

So fügt sie Stück für Stück die Geologie und Ökologie der baskischen Küste, die stürmische Meereswelt, die die Insel umgibt, zusammen. Und selbst die Urbanität: indem sie den ikonischen Leuchtturm in einen Raum der Kontemplation verwandelt, über den Kontrast zwischen der Stadtlandschaft und dem Meer. Den öffentlichen Raum durch eine „kontrollierte künstlerische Intervention", wie sie es nennt, aufwerten – das ist ein wiederkehrendes Thema in Iglesias' Werk.

Manche Besucher, die mit der Fähre von der Stadt hierherkommen, macht der Blick auf „Hondalea" schwindlig, andere sind hypnotisiert von dem Geräusch des herumstürzenden Meerwassers, das, von Pumpen unterstützt, im Rhythmus der Gezeiten durch die Installation rauscht – ein ständiger Wechsel von Bildern und Klängen. Wähnt man sich hier auf dem Grund des Kantabrischen Meers?

Cristina Iglesias sucht nicht lange nach Antworten auf solche Fragen. „Ich habe immer Wert darauf gelegt, dass meine Arbeit Empfindungen wecken soll, auch solche, die wir manchmal versteckt haben. Sie soll erregen, Schwindelgefühle hervorrufen oder jedes andere Gefühl, das man empfinden könnte."

Als Karl Spurzem, Jahrgang 1959, stellvertretender Chefredakteur, in Donostia weilte, war der Bau von „Hondalea" gerade im Gang – und weckte überraschend wenig allgemeines Interesse, auch beim Autor. Der Helikopter über der Insel Santa Clara störte ein wenig seine Kontemplation über die bezaubernde Bucht.

Brecher im Orchestergraben

Der britische Komponist Frank Bridge liebte das Meer. Seine Tondichtung „The Sea" beschwört dessen Gewalt und Schönheit wie nur wenige andere musikalische Werke

Von Elke Seifert

Wie komponiert man Meeresschaum? Diese federleichte weiße Masse, die an Sturmtagen über den Strand tanzt, zu Kugeln geformt und von kläffenden Hunden gejagt? Man könnte es mit Holzbläsern versuchen, mit Flöte, Klarinette, Fagott, die in kurzen, fröhlichen musikalischen Figuren in den Dialog miteinander treten, mit flinken Läufen der Piccoloflöte, sonoren Antworten der Hörner. Abgerissene Akkorde in den Streichern, dann wieder schnelle, spielerische Passagen in den Violinen – wusch, da fliegt wieder ein Gischtfetzen durch die Luft.

„Allegro vivo" steht als Spielanweisung über „Sea Foam", diesem kurzen, einem Scherzo ähnlichen zweiten Satz der viersätzigen Orchestersuite „The Sea" des englischen Komponisten Frank Bridge. Sie entstand 1910/1911 und wurde 1912 mit großem Erfolg in London uraufgeführt. Ein ganz besonderes Werk, auch als „Symphonische Dichtung" bezeichnet, das das Meer in seinen verschiedenen Stimmungen musikalisch schildert und durch die vielen Nuancen seiner Instrumentierung besticht.

Der erste Satz „Seascape" malt nach Bridges eigenen Worten „die See an einem Sommermorgen". „Eine weite Wasserfläche wird von der Sonne beschienen. Warme Brisen spielen auf der Oberfläche." Eine sehnsuchtsvolle Melodie durchzieht den ganzen Satz, erscheint mal in der Klarinette, mal in der Oboe, schwingt wundervoll weit aus in den Streichern, wird begleitet von Harfenarpeggien und den Hörnern. Sie betont die friedliche Stimmung des Meers, kurze Flötenphrasen imitieren die spielenden Böen. Mehrere große dynamische Wellen durchwogen diesen Satz der Suite, schaffen Raum. Die auskomponierte Weite, die Erhabenheit der unendlichen See erfüllen den Zuhörer unmittelbar.

„Moonlight" ist der Titel des dritten Satzes. „Ruhige See bei Nacht. Die ersten Mondstrahlen bemühen sich, die dunklen Wolken zu durchdringen, die schließlich abziehen und das Meer in vollem Mondschein schimmernd zurücklassen." Eine melancholische Flötenkantilene, begleitet von Harfe und Streichern, zaubert das Mondlicht herbei, schillernde Klangfarben leuchten im Orchester auf, erschaffen die magische Atmosphäre einer Nacht auf See. Die Geigen nehmen diese schöne, helle Melodie auf, variieren sie. Sie berührt in ihrer innigen Schlichtheit zutiefst. Warm erklingt sie darauf in den Celli und Kontrabässen. Mit einem ruhigen, lange gehaltenen Flötenton endet dieser romantische Satz.

Aber die Ruhe ist trügerisch. „Storm", der vierte Satz, ist „ein tosender Sturm. Wind, Regen und stürmische Wogen; beim Nachlassen des Sturms hört man eine Anspielung auf das erste Stück; man darf darin eine Widmung eines Meeresliebhabers an das Meer sehen", so der Komponist im Premierenprogramm. Paukenwirbel, ein großer Blechbläsereinsatz von Posaunen, Hörnern, Trompeten und Tuba, rhythmisch wildes Streichergetümmel entfachen in diesem „Allegro energico" einen Orkan im Orchester, harte Beckenschläge, große und kleine Trommel ahmen große Brecher nach. Zwei Querflöten und zwei Piccoli, gleichzeitig gespielt, lassen pfeifende Windböen erahnen. Man spürt die Gefahr. Plötzlich Stille. Ein berückendes Englischhornsolo leitet über zur triumphalen Schlusspassage.

„I was knocked sideways", deutsch etwa: „Es haute mich aus den Puschen", sagte der große englische Komponist Benjamin Britten über seine erste Begegnung mit diesem wundervollen Werk. Er war elf Jahre alt, als er „The Sea" zum ersten Mal hörte, 1924 in Norwich. Einige Jahre später wurde er Kompositionsschüler von Frank Bridge, lernte von ihm die außerordentliche Kunst der farbigen Instrumentierung. „Er lehrte mich, durch die Instrumente, für die ich schrieb, zu denken und zu fühlen." Als Hommage an seinen verehrten, hochgeschätzten Lehrer und Freund schuf Britten 1937 mit den „Variationen über ein Thema von Frank Bridge" op. 10 für Streichorchester eines seiner erfolgreichsten Werke.

Frank Bridge war ein bekannter Bratschist und Violinist, ein gefragter Dirigent und zählt heute zu den großen englischen Komponisten. Er war mit einer australischen Geigerin verheiratet, reiste, schrieb und spielte viel Kammermusik. „The Sea" ist Teil seines Frühwerks, das noch unter dem Einfluss seines konservativen, vor allem an Brahms orientierten Lehrer Charles Villiers Stanford am Royal College

Frank Bridge, 1879–1941, kam in Brighton zur Welt und begann mit sechs Jahren, Geige zu spielen

of Music in London entstand. Es ist vollkommen tonal komponiert in einem spätromantischen Stil.

Die Zeit vor dem Ersten Weltkrieg war geprägt von nationalistischem, imperialistischem Denken. Das British Empire als überragende Kolonialmacht stand in der Blüte seiner Machtentfaltung. Zwischen England und Deutschland kam es zu einem Flottenwettrüsten. Frank Bridge war und blieb bis zu seinem Lebensende 1941 stolzer Engländer, aber stets überzeugter Pazifist. Er beeinflusste auch in dieser Hinsicht Benjamin Britten stark. Erst in den Jahren nach dem Ersten Weltkrieg, nach den vulkanischen Erschütterungen dieser Jahre, änderte sich seine harmonische Sprache, wurde abenteuerlustig und dissonanzenreich. Er begann, sich an nicht englischen Klangwelten zu orientieren, an Werken von Alban Berg und Arnold Schönberg.

Mit „The Sea" aber gelang ihm eine der schönsten Meereskompositionen für großes Orchester. Er schuf ein fesselndes Werk, das wahrhaft mit Klängen und Rhythmen malt.

Fasziniert vom Meer und klassischer Musik, macht die Freiburger Autorin und Sängerin Elke Seifert in mare regelmäßig aufmerksam auf Werke, die beides verbinden. Und will doch eigentlich nur sagen: Hören! Unbedingt anhören! Bitte!

Daniel Michael Kaiser:
„Was gewesen sein wird“,
MMKoehn, Leipzig, 2023,
48 Seiten, 34 Euro.
Konzerttermine auf
www.handklang.com

Die Kunst des Verschwindens

Mit einer Forschungsgruppe reiste Komponist Daniel Michael Kaiser nach Spitzbergen und fing den Klang der Arktis ein

GERÄUSCHE VON TROPFENDEM, tauendem Eis, von knirschenden Schritten im gefrorenen Schnee, von aneinander reibenden Eisschollen im Konzertsaal. Der Komponist Daniel Michael Kaiser hat ein Werk geschrieben für „Orchester und Zuspiel“ mit dem Titel „White, vanishing“, frei übersetzt „Das verschwindende Weiß“. Es wurde im November 2022 am Staatstheater Oldenburg mit dem Oldenburgischen Staatsorchester unter Hendrik Vestmann uraufgeführt. Hörbar gemachter Klimawandel.

Im April 2022 verbrachte der Komponist als künstlerischer Gast mit einer Forschungsgruppe des Alfred-Wegener-Instituts zehn Tage auf der deutsch-französischen Station AWIPEV in Ny-Ålesund, Spitzbergen, um mithilfe von Mikrofonen und Hydrofonen die Klänge der Arktis aufzunehmen. Es bedurfte mehrerer Anläufe, um die Einladung zur Teilnahme an dieser außergewöhnlichen Reise zu bekommen. „White, vanishing“ war vor dem Aufenthalt bereits als zweiteilige Komposition konzipiert. Eine wichtige Inspirationsquelle für das Werk war der dreisätzige „Cantus Arcticus“ des Finnen Einojuhani Rautavaara, ein „Stück für Vögel und Orchester“ von 1972. Daniel Michael Kaiser ist ausgebildeter Schlagwerker. Er hat in Detmold Musik studiert und Filmkomposition an der Filmuniversität in Babelsberg. Zahlreiche „Tatort“-Folgen hat er musikalisch begleitet, ebenso mehrere Spielfilme wie „Lieber Thomas“, einen Film über Autor Thomas Brasch in der Regie von Andreas Kleinert. Mit seinem Orchesterwerk „White, vanishing“ will er die Zuhörer für die Bedrohung der Arktis durch den von Menschen verursachten Klimawandel sensibilisieren.

Daniel Michael Kaiser nimmt die Arktis auf

Der erste Teil der Komposition beschreibt musikalisch die Schönheit dieser faszinierenden Landschaft. Flirrende, sehr hohe Streicherklänge erschaffen eine magische Atmosphäre der Ruhe und Weite. Nach und nach kommen vorsichtige Holzbläserfiguren dazu. Paukenschläge und Blechbläser künden von der Erhabenheit der unendlichen Eiswüste. Der Rhythmus ist vorwiegend langsam, gedehnt. Die vom Band zugespielten Naturgeräusche sind nicht technisch bearbeitet. Sie sind der Orchesterpartitur gleichwertig beigeordnet, verschmelzen mit der Musik und verstärken durch ihre Authentizität deren emotionale Wirkung. Der in der Arktis omnipräsente Wind ist zu hören, Schreie von Eissturmvögeln und Schneeammern, das Klicken kleiner Eisstücke, die von der Dünung bewegt werden. Aufsteigende Figuren deuten eine musikalische Steigerung an, ein markantes Crescendo beendet den ersten Teil des Werks.

Ein völlig neuer, sehr bewegter Rhythmus charakterisiert den zweiten Teil, der die Verwandlung der gefährdeten Natur ausmalt. Die tiefen Blechbläser und das Schlagwerk erschaffen bedrohliche Klänge, Röhrenglocken mahnen, absteigende Glissandi in mehreren Instrumentengruppen klingen wie Sirenen, häufig wiederholte Seufzermotive klagen, laute Schläge machen deutlich: Hier geschieht etwas,

Mit einer alten Lochkamera hat der Komponist visuelle Eindrücke seiner Reise festgehalten

etwas Irreversibles, hier wird etwas zerstört, es taut. Im Eismatsch eingeschlossene Luftbläschen platzen und erzeugen ein eigenartiges Tickern. Eisschollen, die aneinander reiben, quietschen. Durch die unter Wasser eingefangenen Klänge eines tauenden Gletschers wird der Zuhörer zum Zeugen des Prozesses. Diese Unmittelbarkeit der Wahrnehmung berührt. Ein Trauermarsch ertönt, das Krachen eines abbrechenden Eisblocks beendet abrupt den zweiten Teil.

Auch die visuellen Eindrücke seiner Reise hat Daniel Michael Kaiser dokumentiert. In einem kleinen zweisprachigen Fotoband mit dem Titel „Was gewesen sein wird“, erschienen 2023 im MMKoehn Verlag, Leipzig, sind die Aufnahmen zu sehen, die er mit einer 100 Jahre alten Lochkamera auf dem arktischen Archipel Svålbard aufgenommen hat. Die schwarz-weißen Bilder scheinen aus längst vergangenen Tagen zu stammen. Sie zeigen die Überreste einer einst vom Kohlebergbau dominierten Region, eine alte Lokomotive im Tiefschnee eingegraben, Teile eines Förderturms, herumliegende Metallreste. Lost places. Aber auch die Wissenschaftler bei der Arbeit sind zu erkennen, aktuelle Messapparaturen, Huskies, ein Versorgungsschiff.

Beim Betrachten der Aufnahmen dieser einzigartigen Eiswelt spürt man die Faszination des Fotografen, seine Begeisterung für die Schönheit der Natur und seine Sorge um den Verlust, um das endgültige Verschwinden dieser fragilen Welt. Kaiser sucht als Künstler den Kontakt zu den Wissenschaftlerinnen und Wissenschaftlern, weil nur so, im gemeinsamen Denken und Handeln, Veränderungen angestoßen werden können. „White, vanishing“ wird 2024 in Kiel, Mainz und Nürnberg zu hören sein.

Elke Seifert

Rob Grant:
„Lost At Sea“,
CD, Urban,
Universal Music, 2023

Segeln mit der Familie

Rob Grant ist Vater der Pop-Diva Lana Del Rey und meervernarrter Hobbymusiker. Nun hat er mit 70 sein Debütalbum veröffentlicht

IN DER RANGLISTE SEINER LIEBSTEN Freizeitaktivitäten rangiert bei Rob Grant das Segeln mit Abstand auf Platz eins. Boote jeder Art und alles Maritime lassen das Herz des Amerikaners höherschlagen. Aber auch für Musik war er stets zu haben: Er hat zwar nie ein Instrument erlernt und kann keine Noten lesen, doch das hat ihn nie davon abgehalten, sich ans Klavier zu setzen und intuitiv loszulegen.

So wie vor einiger Zeit, als seine älteste Tochter Elizabeth Grant, der Welt bekannt als geheimnisumwehte Popdiva Lana Del Rey, ein Studio gebucht hatte und mal wieder hoffnungslos zu spät war. Um die Wartezeit zu überbrücken, setzte sich Grant, der dort mit ihr verabredet war, an einen Flügel und spielte drauflos. Unter den beeindruckten Zuhörern waren auch einige Plattenfirmenmenschen, die ihm danach eröffneten, dass sie gern mehr von ihm hören würden.

Nun ist Rob Grants Debütalbum „Lost At Sea“ erschienen, auf dem er seine beiden Leidenschaften miteinander vereint. Es dürfte in der jüngeren Musikgeschichte wenige 70-jährige Newcomer gegeben haben, und dass sich die Eltern etablierter Popstars ins Rampenlicht wagen, ist auch neu. Kinder berühmter Musiker, die es auf die Bühne zieht, gibt es wie Sand am Meer. Aber weit sind James McCartney und Konsorten selten gekommen. Auch Geschwister haben versucht, im Fahrwasser des Familiennamens zu segeln. Aber wer außerhalb der Verwandtschaft hat je von Chris Jaggers Musik Notiz genommen?

Rob Grant ist im US-Bundesstaat Rhode Island aufgewachsen. Sein erstes Boot bekam er mit zehn geschenkt. Seitdem zieht es ihn aufs Wasser. Er segelt und fischt – gern Haie –, wann immer die Zeit es zulässt. An Land war er in der Werbung erfolgreich und soll ein Vermögen mit dem Handel von Internet-Domains gemacht haben. Beim Segeln setzt er auf Extreme. Mit Tochter Lana teilt er die Begeisterung für Stürme, besonders gern sticht er bei Nebel in See. Das Kribbeln, dass er dabei empfindet, die Orientierung zu verlieren, bedingt den Titel seines Albums „Lost At Sea“. Überhaupt durchdringt seine Hingabe zum Meer jede Nummer, sei es „The Whisper Of Waves“, „Deep Ocean Swells“ oder „Setting Sail On A Distant Horizon“.

Dennoch, der Vater einer erfolgreichen Popsängerin, der auf seine alten Tage als Pianist debütiert, geht natürlich ungehört als Lachnummer durch. Aber, Irrtum! Denn das tatsächlich Erstaunliche an diesem Werk ist, dass es wider Erwarten geglückt ist. Was auch daran liegen dürfte, dass Lana ihrem Daddy eine erstklassige Mannschaft angeheuert hat: Produzent Jack Antonoff, ein Könner mit Instinkt für Melodien, der bereits Taylor Swift, Florence + the Machine und natürlich Lana zur Hand ging. Mit an Bord war auch der Australier Luke Howard, der sich mit virtuosen Neo-Klassik-Klängen einen Namen gemacht hat. Und selbstredend ist die Tochter bei zwei Tracks dabei. Jedenfalls klingen die gut 40 Minuten sanft verwehter Klaviermusik wie ein Zeitlupensegeltörn bei dichtem Nebel. Keine Klänge, die die Welt aus den Angeln heben, aber sie für eine Weile etwas sanfter erscheinen lassen.

Christoph Dallach

Frohe Festtage

Geschenkempfehlungen von mare

… für Kinder

1

*Helen Scales: **„In 80 Meerestieren um die Welt“**, Laurence King, 2023, 200 Seiten, 26 Euro*

UNTERWASSERWELTREISE

Sie hätte das Buch auch mit Tausenden von Meerestieren füllen können, die ihr Biologinnenherz höherschlagen lassen, so Autorin Helen Scales. Für Nachwuchs mit wissenschaftlichem Interesse ist die Auswahl aber ein guter Einstieg in die Wunder der Unterwasserwelt. Jedes Tier, vom Glattrochen bis zum Grönlandhai, bekommt eine eigene Würdigung, so kenntnisreich wie unterhaltsam geschrieben und dazu von Marcel George in farbenfrohen Bildern verführerisch schön illustriert. *mw*

2

*R. Gugger, S. Röthlisberger: **„Ida und der fliegende Wal“**, Beltz & Gelberg, 2023, 32 Seiten, 7,50 Euro*

WAL IM SCHWEBEZUSTAND

So vieles ist da zu sehen, in der ungewöhnlichen Flaschenpost, die Ida an den Wänden ihres Baumhauses montiert. Darunter vielleicht am wichtigsten: die Flasche mit dem Wal. Darin steckt ihr Freund, mit dem das Mädchen auf einer unglaublichen Fantasiereise war. Das Schweizer Künstlerduo, das die beiden erfunden hat, fasziniert mit einer Bildsprache voller Inspiration und Raffinesse. Und der Wal als großes, mystisches Tier scheint wie geschaffen für diese schwebende Entdeckungstour. *ae*

3

*Jörn Peter Fischer: **„Jakobsons Nordsee. Band 2“**, Jörn Peter Fischer, 2023, 200 Seiten, 18 Euro*

DAS BESTE AM NORDEN

Wer noch nie Familienurlaub an der Nordsee gemacht hat, könnte von Fischer Jakobson und seinen Inselmitbewohnern zu einem neuen Reiseziel motiviert werden. Mit viel Humor und spürbarer Begeisterung für die deutsche Küstenregion erzählt Jörn Peter Fischer Geschichten für Menschen ab acht. Bordhund Herr Hansen spielt dabei eine tragende Rolle, das Fluchtschaf Willibald von Flitzewitz, die Geschwister Greet und Jasper und die Natur im Norden, über die man ganz nebenbei sehr viel lernt. *mw*

4

*Megumi Iwasa: **„Viele Grüße aus der Moshimoshi-Bucht“**, Moritz, 2023, 128 Seiten, 14 Euro*

SHOPPEN BEI DER SCHILDKRÖTE

Wer die Geschichten der Japanerin Megumi Iwasa kennt, freut sich über den mittlerweile sechsten Band. Schauplatz ist die Walsee. Mit von der Partie: Postbotin Robbie, Hans Hai, Puck, der Reiseotter, und viele andere Meeresbewohner. Diesmal dreht sich alles um Hans Schild, der passionierter Bastler ist. Aus Muscheln, Steinen oder Meerespflanzen zaubert die Schildkröte Schmuck und Instrumente. Jetzt braucht es nur noch Kundschaft für den neuen Laden. Illustrator Jörg Mühle studiert Tiere im Zoo, um sie dann gekonnt zu stilisieren. Einfach famos! *ae*

5

*Jan Van Der Veken: **„Das Schiffebuch“**, Gerstenberg, 2023, 104 Seiten, 25 Euro*

EIN SCHIFF WIRD KOMMEN

Wer immer schon wissen wollte, wie jedes Segel einer Dreimastbark heißt, welche fatalen Folgen der Bernoulli-Effekt haben kann und wie alt der Fliegende Holländer ist, wird sich vom belgischen Illustrator Jan Van Der Veken gern belehren lassen. Er erklärt Schiffe und ihre Funktionen in großflächigen Bildern detailgenau, widmet sich Morsealphabet, Signalflaggen, Sextanten und erzählt die Geschichten berühmter Exemplare wie Cousteaus „Calypso“ dazu. *mw*

6

*Philip Waechter: **„Weltreise mit Freunden“**, Beltz & Gelberg, 2023, 26 Seiten, 15 Euro*

FRÖHLICHER GRUPPENAUSFLUG

Philip Waechter ist vom Meer begeistert, seit er auf den Lofoten bei einem Fischer wohnte. Der fröhlichen Truppe seines Buchs begegnen allerdings Feuerquallen und Seeungeheuer. Der Frankfurter Illustrator beobachtet genau, beweist viel Humor und lässt die Betrachter von eigenen Reisen träumen. *ae*

… und Erwachsene

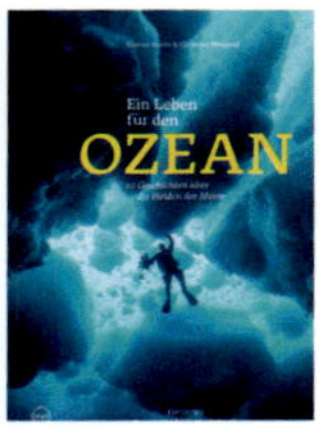

7

*F. Sturm, C. Weigand: **„Ein Leben für den Ozean“**, Edition 1, 2023, 192 Seiten, 29,95 Euro*

VORBILDLICH SPANNEND

Mitreißende Geschichten über Menschen, die sich dem Ozean verschrieben haben. Man schwebt mit dem Tauchboot „Jago“ in die Tiefe, schwimmt mit André Wissing frei durch die Wellen, erforscht das Meer vor Helgoland. Die Texte sind teils Interviews, teils Reportagen und haben eines gemeinsam: den Ursprung im gleichnamigen Podcast des Surfers und Aktivisten Christian Weigand, der in zahlreichen Folgen noch mehr beeindruckende Menschen vorstellt. *jsc*

8

*David Schidlowsky: **„Pablo Neruda in seiner Zeit. 2 Bände“**, Wissenschaftlicher Verlag, 2023, 1209 Seiten, 140 Euro*

EXTRA GROSSES DICHTERLEBEN

„Ich werde zurückkommen zum gekrümmten Meer / und zu seinen Früchten / und zu seiner Wut …“, schrieb Pablo Neruda in „Abschied von den Geschöpfen des Meeres“. Nach einer langen Lebensreise über fast alle Kontinente und Ozeane kehrte der chilenische Dichter, der 1971 den Literaturnobelpreis erhalten hatte, nach seinem Tod 1973 an die Küste von Isla Negra am Pazifik zurück. Der Philologe David Schidlowsky hat an dieser so spannenden wie voluminösen Biografie mehr als 25 Jahre gearbeitet. Lektüre für eine lange Schiffsreise. *ht*

9

*Hiroshi Sugimoto: **„Time Machine“**, Hatje Cantz, 2023, 216 Seiten, 48 Euro*

BILDER FÜR DIE EWIGKEIT

Einen „Meister der fließenden Welt“ nannte der Londoner „Guardian“ den Fotokünstler Hiroshi Sugimoto anläßlich der umfänglichen Schau seines Werks in London, die noch bis 7. Januar läuft. Der Katalog ersetzt keine Reise, aber er zeigt Bilderserien aus allen Schaffensphasen, und es ist schon in Buchform überwältigend zu sehen, wie sich die Horizonte der „Seascapes“ in den abstrakten Werken der „Opticks“-Serie spiegeln und welche Räume Sugimoto mit seiner Arbeit noch eröffnet. *mw*

10

*Robert Steinmüller: **„Die Meere des Mondes“**, Reisedepeschen, 2023, 92 Seiten, 20 Euro*

MONDSEEFAHRT

Es wirkt fast gewagt in Zeiten, da jeder Fake im Netz von Leichtgläubigen zur Wahrheit erhoben wird, ein Buch zu erschaffen, das die Fiktion als außerordentlich hübsches Sachbuch verpackt. Die Mondmeere sind schließlich nichts anderes als dunkle Tiefebenen, doch der Gestalter Robert Steinmüller erfindet mithilfe von KI eine eigene ozeanische Welt, und je mehr man sich in sie vertieft, umso lieber möchte man auf dem Mond schwimmen statt spazieren gehen. *mw*

11

*Abdulrazak Gurnah: **„Die Abtrünnigen“**, Penguin, 2023, 400 Seiten, 26 Euro*

INSELSTORY MIT NOBELPREIS

Ein Unbekannter kommt in den Ort, verwundet und wortfremd. Zwei Generationen später, in den 1950ern, auf dem Weg Sansibars zur politischen und gesellschaftlichen Emanzipation, verlieren sich die Wege dreier Geschwister – aufgrund ungleicher Bildungschancen und auch wegen des Unbekannten. Unnachahmlich zeigt Nobelpreisträger Abdulrazak Gurnah die Folgen der Kolonialgeschichte auf dem afrikanischen Eiland und zeichnet dabei unvergessliche Figuren. *sts*

12

*Edgar Allan Poe: **„Hinab in den Maelström“**, CD, Argon, 2023, 73 Minuten*

DREIKLANG UND TIEFGANG

Nichts bekommt Hörbüchern weniger als aufgeregte Stimmen. Gut also, dass Edgar Allan Poes Schauergeschichte von 1841 nun von Christian Brückner gewohnt subtil als Hörbuch eingesprochen wurde: Drei Seeleute geraten in einen Strudel vor Norwegen, und nur einer, der Erzähler, schafft es aus dem Inferno wieder heraus. Dramatischer Stoff, dem das Martin Auer Quintett mit gelassen jazziger Untermalung begegnet: Sound, Text und Stimme als geglückter Dreiklang. *rb*

Sylvie Kandé:
„Stiller Tausch“,
aus dem Französischen von Tim Trzaskalik, französisch-deutsche Ausgabe, Hanser, München, 2023, 160 Seiten, 24 Euro

Schillernde Lyrik

Sylvie Kandés Poesie ist ein Kosmos der Zeiten und Kulturen

„DIE UNENDLICHE SUCHE NACH DEM andren Ufer“ war das erste Buch von Sylvie Kandé, das in deutscher Sprache erschienen ist. In der Symbiose von Geschichte und Poesie fand Kandé einen besonderen Ton. Jetzt ist ein neuer Band der 1957 in Paris geborenen Dichterin und Historikerin erschienen, der sich ganz der Lyrik widmet. Wieder sind es von der Geschichte Vergessene, die hier eine Stimme bekommen: Die Tochter einer bretonischen Mutter und eines senegalesischen Vaters versammelt Texte über die Senegalschützen des französischen Heers – oder über jene Sklaven Westafrikas, die nach Haiti verschleppt wurden.

Denn es sind gebrochene Lebensläufe, die sie interessieren. Und sie findet dafür einen passenden Ton, einen poetischen Kosmos verschmelzender Kulturen. Diese Dichtung ist gleichzeitig fragmentarisch und polyfon schillernd, zieht Linien von der griechischen Antike bis zur westafrikanischen Gegenwart. Man möge diese Gedichte sich selbst laut vorlesen, schlägt die Autorin im Vorwort vor. Und sind sie dann in der Welt, können sie wirken: als „Palimpseste der Zeitlichkeit“, wie Elara Bertho ihr Nachwort überschrieben hat. Stets ist die Autorin in ihrer Poesie mit der Weltliteratur in Kontakt, mit Aimé Césaire oder Fernando Pessoa. Immer schwingt auch Maritimes durch diese Texte, etwa jene vom venezianischen Seefahrer Ca' Da Mosto erzählte Anekdote über einen Tauschhandel im alten Kaiserreich Mali. Ein solcher „stiller Tausch“ ist auch Kandés Poesie selbst, so Bertho: „Der Tausch auf Distanz heißt Lesen.“

Marc Peschke

Khalil Diallo:
„Die Odyssee der Vergessenen“,
aus dem Französischen von Astrid Bührle-Gallet, Orlanda, Berlin, 2023, 160 Seiten, 22 Euro

Pflichtlektüre der Gegenwart

Der mauretanische Schriftsteller Khalil Diallo hat in einem aufwühlenden Roman Flüchtenden ein Gesicht gegeben

AM ENDE DIESER ODYSSEE WIRD der Protagonist weder nach Hause zurückgekehrt sein noch eine neue Heimat gefunden haben. Der 1992 in Mauretanien geborene und heute in Senegals Hauptstadt Dakar lebende Schriftsteller Khalil Diallo erzählt in seinem preisgekrönten Roman von Elend, Vertreibung und waghalsiger Flucht – Momente der Hoffnung hingegen sind selten.

Diese entstehen vor allem dann, wenn die Flüchtlinge ihre Geschichten miteinander teilen. Sie kommen aus den dysfunktionalen Staaten der Subsahara und haben sich auf die lebensgefährliche Fluchtroute durch die libysche und algerische Wüste begeben, um irgendwann, mit viel Glück vielleicht ins marokkanische Tanger zu gelangen, wo sie dann, wiederum vielleicht, auf Schlepper treffen, die sie mit ihren Booten über das Mittelmeer aufs europäische Festland bringen. „Dieser Abend, so sagte er, sei der letzte Moment des Wartens, und er stehe für den Beginn eines Traums.“

Diallo gibt einigen ein unverwechselbares Gesicht: Dem Autor Sembouyane als Chronist des Romans, dem Senegalesen Karim, Alain aus Kamerun sowie der jungen Nigerianerin Maguy, die als Frau und Christin doppelt gefährdet ist. „Heute ist mir klar, dass ich all die Menschen, mit denen ich auf meiner Odyssee unterwegs war, deswegen gemocht habe, weil sie Außenseiter sind wie ich. Keiner von uns hat einen Platz in der Gesellschaft. Die Reise ist unser einziger Ausweg.“

Es hieße diesen Menschen ins Gesicht spucken, subsumierte man sie, wie es hierzulande so oft aus pseudoprogressivem Paternalismus geschieht, als „Stimmen aus dem postkolonialen globalen Süden“. Denn nicht nicht nur, dass Europäer in diesem eindrucksvollen Buch überhaupt nicht vorkommen, weder als Heilsbringer noch als Unglücksverursacher, Diallo zeigt auch schonungslos, wovor diese Menschen fliehen: vor ihren eigenen, sich schamlos bereichernden Eliten, vor Milizen ihrer oder angeblich feindlicher Ethnien und nicht zuletzt im Familiären vor einem misogynen Machoobskurantismus, in dem selbst ernannte „Weise“ über das Schicksal von Frauen und Kindern entscheiden. Selbst das Tabu des innermuslimischen Rassismus wird von Diallo gebrochen, der auch davon erzählt, was schwarze Flüchtlinge dann in den Internierungscamps der Maghrebstaaten an Unfassbarem erleiden.

Sein Erzähler Sembouyane wird schließlich an der marokkanischen Küste zu Tode kommen, ermordet von kriminellen Schleppern. Sein Freund Alain aber kommt sicher in Marseille an, mit Sembouyanes Notizbuch in einer kleinen Plastiktüte. Später wird er Karim, der in den Senegal zurückgekehrt war, davon berichten. Während in der Hauptstadt Dakar – und nun sind wir in der Wirklichkeit außerhalb dieses hyperrealistischen Romans – irgendwann ein Taxifahrer dem Schriftsteller Khalil Diallo diese Geschichte weitergeben wird. Der Erzählfaden der Ariadne führt zumindest aus dem Labyrinth des Vergessens – auch wenn dies selbstverständlich kein Trost sein kann. Möge dieses ebenso präzise wie aufwühlende Buch auch in Deutschland ein großes Publikum finden.

Marko Martin

An dieser Stelle berichtet mare regelmäßig über neue Bücher aus seinem aktuellen Verlagsprogramm

„Ein wandelnder Widerspruch"

Kathleen Scott war sehr viel mehr als nur eine berühmte Witwe. Kerstin Ehmer über ihre Annäherung an eine vielschichtige Frau

WER WAR KATHLEEN SCOTT? EINE Frage, deren Beantwortung mir auch nach anderthalbjähriger Beschäftigung mit ihr schwerfällt. Sie war Künstlerin, Gattin und sehr bald bereits die Witwe Robert Falcon Scotts; enge Freundin des Sozialisten Bernard Shaw sowie dreier Premierminister der Liberalen und Konservativen, eine Abenteurerin mit einem Faible für Übernachtungen unter freiem Himmel, die als Helferin im Mazedonienkrieg beinahe an einer Typhusinfektion starb, eine besessene Arbeiterin, leidenschaftliche Schwimmerin und überzeugte Mutter mit eigenwilligen Vorstellungen von Kindeserziehung, ein Sturkopf mit enormen Selbstzweifeln, ein Freigeist im engen viktorianischen Korsett.

Sie verkehrte mit nahezu jedem, der im England ihrer Zeit von Interesse war, war begnadete Gastgeberin und treue Freundin. Sie war verheiratet mit zwei Männern, die sie wahrhaftig liebten, was von ihr durch intensive Unterstützung belohnt wurde. Parallel dazu fand sie stets die Zeit, ihre Kunstkarriere voranzutreiben. Mit den meisten Frauen konnte sie nichts anfangen, und das ist freundlich formuliert. Sie kämpfte darum, in einer Männerwelt ernst genommen zu werden, brachte es aber im Flirten zur Meisterschaft. Sie unternahm gewagte Reisen, wobei sie exotische Vorstellungen von Hygiene nicht abschreckten. Ganz im Gegenteil, näherte sie sich Reiseländern und deren Bewohnern mit Offenheit und Toleranz. In Bezug auf ihre Freunde und Gäste war sie jedoch von bisweilen unerträglichem Snobismus. Darunter sollte ihre Schwiegertochter Elizabeth Jane Howard besonders leiden. Wollte man sie kennenlernen, sollte man in einem Metier herausragend sein, zumindest aber männlich, gut aussehend und tänzerisch begabt. Sie war ein wandelnder Widerspruch. Puritanisch keusch bis zur Bigotterie, bei langjährig behauptetem Atheismus, mit einem vor Energie berstenden Körper, dessen Ansprüche sie auf der Tanzfläche befriedigte.

Die Sprache der jungen Kathleen Scott war mir fremd. Ihr inflationärer Gebrauch von Begriffen wie „Ruhm", „Ehre" oder „Heldentum" ist mit „pathetisch" nur unzureichend beschrieben. Auch stellte sich bald eine ungeheuerliche Frage: Schickte sie Robert Falcon Scott in den Tod, indem sie ihn in einer letzten Nachricht beschwor, nur an die große Sache, nicht ans eigene Überleben und auch nicht an sie und den gemeinsamen Sohn zu denken? Das Unglück geschah und machte aus ihr die prominenteste Witwe Englands. Sie hätten keine bessere Besetzung für diesen Posten finden können.

Mein Verhältnis zum Gegenstand meiner Recherche wurde zunehmend paradox. Je mehr ich über sie in Erfahrung brachte, desto schwerer fiel es mir, sie zu verstehen. Wann immer ich glaubte, einen Zugang gefunden zu haben, wurde dieser durch die nächste widersprüchliche Information verschüttet. Eine Erklärung vermutete ich darin, dass sie zwei unterschiedliche Epochen zugleich zu verkörpern schien, das Viktorianische Zeitalter und das nachfolgende der Moderne. Über Ersteres wusste ich noch nicht allzu viel. Ich legte sie also für eine Weile zur Seite, um mich mit dem England des 19. Jahrhunderts zu befassen. Diese Informationen brachten mir meine schwierige Heldin näher. Doch auch ein intensiver Blick in die englische Geschichte konnte mir nicht dabei helfen zu verstehen, warum es Kathleen so schwer zu fallen schien, die eigenen Geschlechtsgenossinnen zu mögen und anzuerkennen.

Durch Vermittlung von Freunden kam ich in Kontakt mit der Psychologin und Therapeutin Jenny Jesuthasan. In langen Telefonaten lehrte sie mich, die Umstände ihres Aufwachsens teilweise als ursächlich für ihr späteres Verhalten anzusehen. Weitere Unterstützung kam von Dr. Sabine C. Jenner, Soziologin und Gleichstellungsbeauftragte an der Charité Berlin. Sie half mir in Kathleens Verhalten Phänomene zu erkennen, die durch die Genderforschung identifiziert und benannt worden waren. Doch etwas in mir wehrte sich entschieden dagegen, jedem ihrer Charakterzüge eine psychologische Problemstellung zuzuordnen.

Ich bin ihr mit dieser Hilfe nähergekommen. So viel kann ich sagen. Doch niemand hat mir erklären können, woher Kathleen den Mut und immensen Willen nahm, gegen alle Widrigkeiten ihrer Zeit, ihrer Herkunft und ihres Geschlechts ein nach ihren Regeln gutes, aufregendes, ungeheuer intensives Leben für sich zu fordern und letztendlich auch zu führen. Wie bei allen wirklich faszinierenden Persönlichkeiten, bleiben Teile der Landkarte ihrer Biografie weiß. Terra incognita, Rätsel, die sie uns hinterlässt.

Kerstin Ehmer: ***„Diese Freiheit bedeutet mir alles. Das Leben der Kathleen Scott",*** *384 Seiten, 28 Euro*

Dirk Gieselmann:
„Der Inselmann“,
Kiepenheuer & Witsch,
Köln, 2023,
176 Seiten, 20 Euro

Als Kind schon reif für die Insel

Der Journalist Dirk Gieselmann erkundet in seinem Debütroman die Verfassung eines Manns in selbst gewählter Einsamkeit

DER ROMAN MÜSSTE EIGENTLICH der „Inseljunge“ heißen. Denn es geht in diesem Buch fast nur um den jungen Hans Roleder, nicht um den Alten „da draußen auf der Insel“, von dem die Leute erzählen wie von einer Sagengestalt. Hans zieht mit seinen Eltern auf eine Insel, es ist der Rückzug der Familie vor der Welt. Die ist offenbar die DDR, das erfährt man aus Andeutungen. Auch die Zeit, in der der Roman spielt, wird nie klar benannt; es dürfte Ende der 1950er-Jahre sein, kurz geht es um einen Hund, der ins Weltall geschossen wurde und dessen Schicksal Hans berührt. Aber Ort und Zeit sind eigentlich egal. Irgendwann muss Hans von seiner Insel in die Schule, er schwänzt die Stunden in einem Ruderboot, er leidet am gemeinen „Schulmeister“ und an der Sehnsucht nach seinem Eiland, er kommt ins Erziehungsheim, er lernt ein Mädchen kennen. Aber auch sie scheint zweitrangig.

Dirk Gieselmanns Roman erzählt keine große Geschichte, sondern viele kleine Geschichten, Szenen, die aus dem Dunkel einer Biografie aufblitzen, flackernde Spotlights einer Jugend. Was wollen sie zeigen? Dass Hans so geworden ist, wie er ist, ein in sich selbst und auf der Insel verschlossener Gefangener, ein Insasse seines Daseins? Verletzungen werden angetippt, von den lieblosen Eltern, einem Hofkameraden, dem fiesen Direktor.

Doch nicht diese riegeln seine Seele ab vom „Draußen“. Denn schon früh erkennt Hans, welche Freiheit er finden will. Es geschieht während des Versteckspiels mit seinem Freund Kalle, bei dem er sich „der Welt abhanden gekommen“ wähnt: „Das war er also ohne die anderen […], ohne alle, die ihn umringten. Das war der Klang seiner Gedanken. Das war die Temperatur seines Blutes, der Geruch seiner Haut. Das war er, das war Hans.“ Ein „schönes Gefühl […], schrecklich und schön“, denn er ist ganz bei sich, darum dreht sich jeder Satz. Dem Protagonisten gelingt dies nur in der Stille, Abgeschiedenheit, ja, Verlorenheit. Nur so kann er „seine Konturen“ erkennen.

Der Roman ist die Geschichte eines geborenen Eremiten. Ist es ein gutes Buch? Auf jeden Fall ist es kein hoffnungsfrohes Buch. Das ist seine Stärke, Gieselmann muss kein Happy End erlügen. Es ist seine Stärke, und es ist seine Schwäche. Denn dunkle und trübe Tage, sie sind sehr viel leichter zu beschreiben, als das Helle in ihnen zu finden. Oder ist das Helle die Poesie, die Gieselmann versucht, die er in den Erlebnissen und Entdeckungen des Jungen Hans aufscheinen lassen will – aufscheinen lassen muss, damit sie nicht als das erkennbar sind, was sie sind: belangloses Sein? Nur, die Welterfahrungen des Kindes wirken oft wie in die lyrische Sprache gezwungen, gedehnt zu einem langen Gedicht.

Hans im Glück war erst glücklich, als er seine Reichtümer abgeworfen hatte und allein wanderte, unbeschwert von allem und allen. Womöglich hat der Autor für seinen Helden den Namen nicht willkürlich gewählt, Hans Roleder, der schwer an der Welt trägt und sie abwirft wie Ballast. Zum Schluss erfährt der Leser von dem Alten, dem Inselmann. Hans hat zurückgefunden. Und vielleicht ist dies ja doch ein Happy End.

Maik Brandenburg

Gabriela Kasperski:
„Bretonisch mit Sturm“,
Emons, Köln, 2023,
272 Seiten, 14 Euro

Fall in der Tiefe

Ein Sturm und eine Leiche – ein Insel-Krimi auf Ouessant

EIN LEUCHTTURM AUF DER INSEL Ouessant im Jahr 1896. Der Leuchtturmwärter beobachtet einen Passagierdampfer in Not. Über 100 Jahre später reist Buchhändlerin Tereza Berger auf die westlichste Insel Frankreichs. Commissaire Mahon, dem sie als Hobbydetektivin immer wieder in die Quere kommt, hat sie zu einer Hochzeit eingeladen. Doch der Commissaire taucht an der Fähre nicht auf. Und auch der Bräutigam verschwindet spurlos. „Von Mahon mit einem Gruß“ steht in dem Buch, dass Tereza nach ihrer Ankunft ausgehändigt bekommt. Es handelt von einer Schiffsreise, die vor der Küste von Ouessant in einer Katastrophe endete.

Auf der Insel sieht Tereza Protestplakate gegen einen geplanten Windpark, erfährt, dass nicht jeder das Projekt befürwortet. Und dass es sich bei der Braut um die verantwortliche Ingenieurin handelt. Sie entdeckt familiäre Verstrickungen und sogar eine Leiche. Dann kappt ein Sturm die Verbindung zum Festland.

Je undurchdringlicher das Rätsel um das einst untergegangene Schiff und die Streitereien der heutigen Dorfgemeinschaft werden, desto genauer gerät die Zeichnung der Natur und der Figuren. Man merkt, dass die Autorin die Insel und ihre Bewohner gut kennt. Und dass sie selbst tosenden Wellen und schlechtem Wetter eine Spannungsvolte abgewinnen kann. Man sollte nicht viel mehr sagen, als dass sie ein vielschichtiges Spiel um Verdrängung, Schuld und Selbsttäuschungen inszeniert, so konzentriert erzählt, dass es ein kurzweiliges Vergnügen ist.

Alexandra Wach

Rotraut Schöberl (Hrsg.),
Hanna Zeckau (Illustration):
„Meer Morde. Kriminelle Geschichten im und am Wasser“,
Residenz, Salzburg, 2023,
288 Seiten, 25 Euro

Nur die See kennt ihr Geheimnis

Eine Anthologie mit tödlichen Geschichten von Martin Walker, Fred Vargas, P. D. James und anderen Schreibtischtätern

AUF FRISCHER TAT ERTAPPTE EHEbrecher, Erbschleicher, Diebe, Bösewichte aller Schattierungen, sie alle stehen, wenn sie zum letzten Mittel greifen und einen lästigen Mitmenschen beseitigen, vor dem Problem: Wohin mit der Leiche? Verbuddeln, verbrennen, einbetonieren? Lauter aufwendige Angelegenheiten, die Spuren hinterlassen! Deshalb ist einer der beliebtesten Tatorte die See. Auch unter Romanautoren. Wie oft schon stürzten Romanfiguren von Klippen oder gingen über Bord. Georges Simenon, Joyce Carol Oates, Agatha Christie – kaum ein von den menschlichen Abgründen inspirierter Schriftsteller konnte dem verführerischen Ruf der See widerstehen. So kam ein österreichischer Verlag auf die Idee, sich auf die Suche nach literarischen Wasserleichen zu begeben und einen unterhaltsamen Sammelband mit dem Titel „Meer Morde“ zusammenzustellen.

Die meisten Geschichten, die sich unter dem mit Quallen und Fischen dekorierten Einband der Anthologie verbergen, erzählen von sonnigen Urlaubsinseln, wo die frische Brise besonders weibliche Mörder und Autorinnen zu beflügeln scheint. Die Buchhändlerin Rotraut Schöberl, die den Band zusammenstellte, muss amüsiert haben, wie viel Fantasie Frauen entwickeln, wenn es darum geht, sich des lästigen Ehemanns zu entledigen. In Schöberls Auslese finden sich prominente Texte von Petros Markaris oder Patricia Highsmith, es recherchieren bekannte Kommissare wie Georges Dupin oder Bruno Courrèges.

Die unvergesslichsten Morde aber haben sich weniger bekannte Autorinnen und Autoren eigens für diesen Band einfallen lassen. In Ljuba Arnautovićs „Sandspiele“ etwa wird die Protagonistin von ihrem Freund im Mittelmeersand eingegraben. Behaglich ist ihr dabei nicht, Platzangst macht sich breit, aber sie unterdrückt die „aufsteigende Panik“ und lässt sich „ein paar Minuten lang zärtlich Haar und Lippen kosen“. Denn sie hat einen Plan. Theresa Prammers Mörderin kommt beim Lesen eines Viagra-Beipackzettels die rettende Idee, und auch die Österreicherin aus Severin Groebners Erzählung vom Drachensteigen, die schon zu lange mit einem Deutschen verheiratet ist, kennt kein Pardon. „‚Du willst zum Strand?! Es ist doch saukalt!‘ – Daraufhin er: ‚Du weißt doch, es gibt kein schlechtes Wetter, nur schlechte Ausrüstung.‘ Dieser Satz! Wie sie diesen Satz hasste! Das war so ein richtig deutscher Satz … – und das aus dem Mund von diesem Bauernschädel aus dem Salzkammergut.“

Die meisten Frauen dieses Buchs leiden. Das Meer ist ihre Rettung. Einmal nur wird der Tatort nicht von Salzwasser umspült, er liegt am legendenumwobenen Neusiedler See, kaum drei Meter tief, aber weit wie der Atlantik. Es soll dort Stürme geben wie auf hoher See, Menschen und Boote verschwinden und werden nie wieder gefunden. Hier spielt die Geschichte der Autorin Martina Parker, deren Opfer im Schilf ausnahmsweise einmal nicht von einer Frau ermordet wurde. Ein Täter kommt für diesen rätselhaften Mord allerdings auch nicht in Frage. „Meer Morde“ ist eine unterhaltsame und lehrreiche Lektüre, für unglücklich verheiratete Frauen allerdings gänzlich ungeeignet.

Hans Korfmann

Im Netz

www.stand-up-paddling.org

Paddeln in der Winterzeit

Für alle, die ihr Stand-up-Paddling-Board gezwungenermaßen ins Winterlager gestellt haben, ist diese Website für die Vorfreude auf die nächste Saison perfekt. Mittlerweile die Nummer eins der SUP-Seiten in Deutschland, werden hier fast alle Fragen beantwortet, die SUP-Begeisterte stellen. Es gibt Tests, Tipps für Käufe und Touren, Trainingsvideos und für Tierfreunde sogar Empfehlungen, wie es sich mit dem Hund gut paddeln lässt – sofern das Tier natürlich die Begeisterung für das Paddeln teilt.

Wiebke Böse

Im Deckchair

Ein persönlicher Tipp von Dimitri Ladischensky, mare-Redakteur für Politik und Leben

Thomas Stuber: ***„In den Gängen“,*** *Spielfilm, Deutschland, 2018, 135 Minuten*

Der Film nach einer Kurzgeschichte von Clemens Meyer, der auch das Drehbuch mit verfasst hat, spielt fernab des Meeres, irgendwo im Osten Deutschlands, vielleicht in Brandenburg oder Sachsen: „in den Gängen“ einer Großmarkthalle, zwischen Süßwarenregalen und Getränkekisten, wo kein Tageslicht hinfällt, sondern nur kalter Neonröhrenschein. Und doch. Das Meer ist da. Es rauscht, wenn Christian (Franz Rogowski) die Gabelstaplerzinken hinabgleiten lässt. Oder beim Automatenkaffee vor der Südseefototapete, wo er Marion (Sandra Hüller) trifft. Oder in der Tiefkühlhalle, wenn die zwei „es wie die Eskimos machen“. Mehr als zärtliche Nasenstupser kann es für beide nicht geben, dazu ist Marion zu verheiratet, die Erfüllung ihrer Zuneigung letztlich unmöglich wie ein Meer in Sachsen. Und doch. Es rauscht. So wird aus einer Großmarkthalle ein Ort für Wunschträume.

Eingriff in das System Ozean?

Das Meer bindet 25 Prozent des menschengemachten Kohlendioxids – und ist somit eine maßgebliche Bremse der Klimaerwärmung. Im neuen „WOR 8" geht es nun um die Frage: Müssen wir diesen natürlichen Speicher künstlich erweitern, um unseren Planeten zu retten?

Von Sina Löschke

DIE GUTE NACHRICHT ZUERST: Nie zuvor in der über zwölfjährigen Geschichte des „World Ocean Review" (WOR) war die frei erhältliche Meerespublikation der gemeinnützigen Organisation maribus so dicht am Puls der Zeit wie mit ihrer neuen, achten Ausgabe. Die schlechte Nachricht ist: Keine der bisherigen WOR-Ausgaben hat ihre Leser mit so vielen offenen Fragen zurückgelassen, wie es der neue WOR tun wird. In dieser Ausgabe geht es nämlich um nichts Geringeres als um die Fragen, wie die Menschheit den Klimawandel und seine drastischen Auswirkungen mit gezielten Eingriffen in das System Ozean eindämmen könnte und ob wir bereit wären, die damit verbundenen Risiken für Mensch und Umwelt in Kauf zu nehmen.

Um es vorwegzunehmen: Der Klimawandel stellt die größte Bedrohung für unseren Planeten dar. Soll der Ozean in naher Zukunft einen noch größeren Beitrag zu seiner Minderung leisten, werden Maßnahmen im kleinen Maßstab nicht ausreichen. Stattdessen wird eine neue Kohlendioxid-Entnahmeindustrie entstehen müssen, die das Landschaftsbild in den betroffenen Meeres- und Küstenregionen verändern wird. Zugleich werden wir Menschen massiv in die natürlichen Prozesse des Ozeans eingreifen müssen, und das für einen sehr langen Zeitraum.

Wir haben uns in Sachen Klima in eine Sackgasse manövriert. Es gibt nur einen Ausweg aus der Krise, und dieser führt über einen Stopp aller menschengemachten Treibhausgasemissionen – bestenfalls bis 2050, wenn die globale Erwärmung bis zum Ende dieses Jahrhunderts auf ein Minimum von 1,5 Grad Celsius im Vergleich zur vorindustriellen Zeit begrenzt werden soll. Jedes Zehntelgrad mehr bedeutet überproportional größere Schäden und höhere Kosten. Die weltweiten Rekordtemperaturen, Waldbrände, Überschwemmungen und Korallenbleichen dieses „Sommers der Extreme", wie Meteorologen den Juni und Juli 2023 nannten, waren nur ein Vorgeschmack.

Klimaforscher gehen davon aus, dass die Menschheit selbst bei ambitionierter Klimapolitik (die wir bislang nicht sehen) im Jahr 2050 noch immense Restmengen an Kohlendioxid (CO_2), Methan und Lachgas freisetzen wird. Diese müssen ausgeglichen werden, indem wir der Atmosphäre eine aus Klimaperspektive gleichwertige Menge CO_2 entziehen – die Rede ist von Hunderten Milliarden Tonnen bis zum Ende dieses Jahrhunderts.

Solche Entnahmeverfahren werden als Carbon Dioxide Removal (CDR) bezeichnet. Es gibt biologische, chemische und geochemische CDR-Verfahren, sowohl für einen Einsatz an Land als auch im Meer.

Meeresbasierte Lösungen scheinen auf den ersten Blick vielversprechend. Der Ozean ist der zweitgrößte Kohlenstoffspeicher unseres Planeten. Er hat in den zurückliegenden Jahrzehnten rund 25 Prozent der vom Menschen ausgestoßenen CO_2-Menge auf natürliche Weise aufgenommen und die globale Erwärmung so maßgeblich gebremst.

Wie sich dieser Klimaservice durch marines CDR verstärken lässt, wird derzeit in verschiedenen Forschungsprojekten untersucht. Noch ist für viele Einzelmethoden gar nicht geklärt, wie hoch die zusätzliche CO_2-Entnahme sein könnte und wie die damit verbundenen Risiken aussehen.

Solchen Fragen gehen Forscher etwa in „CDRmare" nach, einer Forschungsmission der Deutschen Allianz Meeresforschung. An ihr sind rund 200 Fachleute aus 22 Partnerinstitutionen beteiligt. Neu dabei ist, dass die Forschung von Anfang an interdisziplinär ausgerichtet ist. Das heißt, die Wissenschaftler untersuchen sowohl zentrale naturwissenschaftliche Aspekte als auch relevante wirtschaftliche, rechtliche, soziale und politische Prozesse und wie sich diese gegenseitig beeinflussen. Themen wie eine gerechte Lastenverteilung im Fall negativer Auswirkungen werden ebenfalls gleich mitbedacht.

Die ersten Zwischenergebnisse der „CDRmare"-Mission werden für den Sommer 2024 erwartet. Für den neuen WOR aber haben uns die führenden Experten schon jetzt Einblicke in ihre Arbeit gewährt. Der neue WOR erläutert, ob gezielte CDR-Eingriffe unvermeidlich sind und welchen Beitrag Pflanzen und Böden an Land dabei leisten können. Im Anschluss stellt er das aktuelle Wissen zu fünf vielversprechenden meeresbasierten Verfahren vor. Dazu zählen: die Ausweitung vegetationsreicher Küstenökosysteme, eine Steigerung der Biomasseproduktion durch künstlichen Auftrieb, Methoden zur Alkalinitätserhöhung des Ozeans sowie zwei Ansätze zur Speicherung von abgeschiedenem CO_2 in tief liegenden Gesteinsschichten unter dem Meer, wobei Letztere nur dann als Entnahmeverfahren gelten, wenn das abgeschiedene CO_2 aus der Atmosphäre stammt. Außerdem erläutern die Wissenschaftler, welche Regeln im Fall eines Einsatzes meeresbasierter CDR-Verfahren unbedingt berücksichtigt werden müssten und mithilfe welcher Übereinkommen entsprechende Projekte gesteuert, reguliert und überwacht werden könnten.

Eine Aussage kann dabei nicht oft genug wiederholt werden: Es ist allerhöchste Zeit, dass wir in der breiten Öffentlichkeit über die Dringlichkeit wirksamer Klimaschutzmaßnahmen diskutieren. Wir müssen darüber streiten, ob gezielte Eingriffe in den Ozean zielführend und akzeptabel sind. Alle, die mitreden und mitstreiten wollen, finden im neuen WOR viele Fakten und passende Argumente für die anstehenden Debatten.

Ein kostenloses Exemplar des „WOR 8" können Sie bestellen unter www.worldoceanreview.com.

Klimaforscher gehen davon aus, dass die Menschheit selbst bei ambitionierter Klimapolitik im Jahr 2050 noch immense Restmengen an Kohlendioxid, Methan und Lachgas freisetzen wird. Diese müssen ausgeglichen werden, indem wir der Atmosphäre eine aus Klimaperspektive gleichwertige Menge CO_2 entziehen – die Rede ist von Hunderten Milliarden Tonnen bis zum Ende dieses Jahrhunderts.

Der Vogelmensch

Vor 200 Jahren reiste Johann Friedrich Naumann, Urvater der deutschen Ornithologie, nach Sylt. Seine Berichte und Zeichnungen sind Zeugnis einer Natur, die es so schon lange nicht mehr gibt

Von Sebastian Conradt

Von Anhalt aus ging es drei Tage über Land nach Hamburg und einen weiteren per Schiff die Elbe hinab bis zum Marktflecken Brunsbüttel. Anschließend fuhr die kleine Reisegruppe mit dem Wagen an der Küste entlang Richtung Norden, um in Husum wieder auf ein Segelschiff umzusteigen. Die Seefahrt führte schließlich über Pellworm und Amrum bis zur Insel Sylt, ein aufziehender Sturm forderte zudem einige Umwege.

Erreichen wir heute binnen Stunden bequem die Insel, so unternahm 1819 niemand eine solche Reise nur zum Vergnügen. Beschwerlich waren die Wege zu Zeiten Goethes und Humboldts, und es war letztlich der Forscherdrang, der Johann Friedrich Naumann zusammen mit einigen weiteren Vogelkundlern nach Nordfriesland zog. „Der Zweck meiner Reise war rein naturhistorisch; ich wollte besonders die Seevögel, die ich meist nur aus Kabinetten kannte, selbst aufsuchen, sie bey ihren Nestern beobachten, ihr Betragen und ihre Lebensart kennen lernen und sie mit eigner Hand erlegen."

Es war die Zeit der großen Bestandsaufnahme, der Jäger und Sammler unter den Naturforschern. Naumann, der als Begründer der Ornithologie in Mitteleuropa gilt, fertigte viele hervorragende Zeichnungen und Aquarelle an – Fotos konnte er damals noch nicht schießen. Aber er schoss auch, aus heutiger Sicht befremdlich, auf seiner Syltreise zig Vögel mit Schrot, um ihre Bälge auszustopfen. Seine rund 1300 Präparate haben überlebt und sind heute im einzigen ornithologiegeschichtlichen Museum der Welt untergebracht, dem Naumann-Museum im Ferdinandsbau des Köthener Schlosses in Sachsen-Anhalt. Dort befindet sich nahezu der gesamte Nachlass des legendären Vogelkundlers in einem originalen Biedermeierensemble.

Schon während seiner Schiffsreise von Husum nach Sylt beobachtete Naumann erstmals Seeschwalben, die zwar an die ihm von Elbe und Mulde bekannten Flussseeschwalben erinnerten, aber doch etwas anders aussahen. Ihre Beine waren kürzer, die Schnäbel kleiner, die gesamte Gestalt erschien geduckter, dafür war der Schwanz viel länger als bei den Flussseeschwalben, die seinerzeit noch gar nicht an den Küsten vorkamen.

Naumann hatte, so schien es, eine neue Meerschwalbenart, die er Küstenseeschwalbe nannte, entdeckt – ein Vogel, der uns heute im Wattenmeer vertraut ist und dort auf Inseln und Halligen brütet. Später musste er einräumen, dass andere vor ihm bereits die Küstenseeschwalbe beschrieben hatten. Doch deren Veröffentlichungen fanden nicht die gleiche Aufmerksamkeit und Verbreitung wie die von Naumann.

Da die Reisegesellschaft unter dem unaufhörlichen Seegang litt, legte das Schiff ganz im Süden Sylts an, was ungewöhnlich und gefährlich in der damaligen Zeit war. Vom unbesiedelten Hörnum aus gingen Naumann und seine Gefährten bis Morsum zu Fuß weiter, um für den Rest des Wegs bis zum Ziel am nördlichen Ende der Insel noch einmal einen Pferdewagen zu besteigen.

Dort angelangt, waren die Naturforscher tief beeindruckt von den „Dünengebirgen" und Stränden des Ellenbogens, die übervoll von brütenden Seevögeln waren. Tausende Silbermöwen begeisterten sie geradezu. „Unbeschreiblich schön waren sie, wenn sie so paarweise vor uns standen", schwärmte Naumann. „Das blendendste, reinste Weiß, als Hauptfarbe, mit dem angenehmen leichten Aschblau des Rückens sanft ineinander verschmolzen, die sammetschwarzen Enden der großen Schwungfedern mit ihren schneeweißen Spitzchen, der goldgelbe

Naumanns Zeichnung zeigt die zahllosen brütenden Seeschwalben auf dem Sylter Ellenbogen ganz im Norden der Insel

Johann Friedrich Naumann (1780–1857) gilt als Begründer der Ornithologie in Mitteleuropa

Schnabel mit dem prächtig rothen Fleck, das liebliche gelbe Auge, alles zusammen macht ein vortreffliches Ganzes.“

Dort, im Norden der Insel, besuchte Naumann den sogenannten Eierkönig, der mit seinen Gehilfen in einer Hütte mitten unter den Seevögeln lebte, um deren Gelege zu bewachen. Das Absammeln von Möwen- und Seeschwalbeneiern diente damals zur Ernährung der Inselbevölkerung, und so stammten auf Sylt die Frühstückseier lange Zeit von Seevögeln. Die großen Kolonien machten eine Hühnerhaltung auf der Insel überflüssig. Auch Naumann bekam etliche Eier für seine Sammlung – und die Warnung, das Schießen der Vögel in Grenzen zu halten und sie nicht allzu sehr zu beunruhigen. Naumann hielt sich daran – und konzentrierte sich auf die Betrachtung der Sylter Vogelwelt.

Bei seiner Wanderung durch die Dünen beobachtete Naumann Goldregenpfeifer, Brandgänse und Seeadler, und er fand die Nester von Sturmmöwen und Eiderenten. Die beeindruckendsten Erlebnisse aber hatte er am Nordstrand des Ellenbogens, wo er auf Tausende der scheuen Brandseeschwalben traf und wo direkt vor seinen Füßen an die 600 Raubseeschwalben, die „Könige der Meerschwalben“ (Naumann), aufflogen.

Diese größten aller Seeschwalben mit ihren kräftigen orangeroten Schnäbeln und den schwarzen Beinen brüten jetzt schon seit 100 Jahren nicht mehr auf Sylt, in Deutschland überhaupt nur noch sehr vereinzelt an der Ostseeküste rund um Rügen. „Im süssen Gefühl des höchsten Genusses“ fertigte Naumann als versierter Vogelmaler zwei Zeichnungen noch auf dem Ellenbogen an, die er später als Kupferstiche ausarbeitete. Sie tragen die Titel „Die grossen Möven in den Dünen“ und „Die grossen Meerschwalben hinter den Dünen von Lyst auf der Insel Sylt“. Der Naturforscher, der unvergleichlich lebendige und naturgetreue Abbilder der Kreaturen schuf, nahm sich nie, wie damals üblich, ausgestopfte Tiere zum Vorbild.

Seine Entdeckung der Raubseeschwalbenkolonie machte seinerzeit Furore unter den Vogelkundlern. Aus Dänemark und sogar England begaben sich begeisterte Ornithologen auf den beschwerlichen Weg nach Sylt, um die Tiere zu beobachten. Heute überfliegen nur noch selten einmal einzelne Raubseeschwalben das nordfriesische Wattenmeer während des Frühjahrs- und Herbstzugs.

Auch die störungsempfindlichen Brandseeschwalben, die vor 200 Jahren ein faszinierendes Bild auf dem Ellenbogen abgaben, haben Sylt als Brutplatz den Rücken gekehrt, kommen aber jedes Jahr nach der Brutzeit, um rund um den Königshafen bei List zu rasten oder im Hörnumtief vor der Südspitze der Insel nach Fischen zu jagen.

Naumann kehrte damals nach zwei Monaten in seine Heimat Prosigk bei Köthen zurück und berichtete von einer „höchst interessanten und glücklichen“ Reise. Nur ein Jahr später, 1820, angesichts der Komplettierung seiner Sammlung, entschloss er sich, eine eigene Naturgeschichte der Vögel Deutschlands zu veröffentlichen und damit das von seinem Vater begonnene Werk zu vollenden, allerdings „durchaus umgearbeitet, systematisch geordnet, sehr vermehrt, vervollständigt und mit getreu nach der Natur eigenhändig gezeichneten und gestochenen Abbildungen aller deutschen Vögel, nebst ihren Hauptverschiedenheiten“.

Angelegt auf zunächst vier Bände, erreichte Naumanns Kompendium bis 1844 schließlich einen Umfang von zwölf Bänden, für die man heute im Antiquariat bis zu 10 000 Euro auf den Tisch legen muss. „Nie zuvor hat es ein vergleichbar gründliches, mit so viel Sachkenntnis und persönlicher Erfahrung geschriebenes Buch über die deutsche Vogelwelt gegeben“, schreibt Arnulf Conradi in dem von ihm 2009 herausgegebenen Prachtband über Johann Friedrich Naumann.

Mit seiner Naturgeschichte machte dieser sich unsterblich. Er wurde mit Ehrendoktorwürden ausgezeichnet und gründete 1850 zusammen mit anderen die Deutsche Ornithologen-Gesellschaft, die bis heute maßgebliche Vereinigung in diesem Fachgebiet. Seine Bestandsaufnahme der Vogelarten hat Anteil an Charles Darwins Werk „Über die Entstehung der Arten“. Sogar Goethe soll sich über die zwölfbändige Naturgeschichte mit bewundernden Worten geäußert haben.

Naumann selbst blieb zeit seines Lebens ein bescheidener Mann und blickte am Ende mit Zufriedenheit auf sein Lebenswerk. „Es muss mir in der Tat die grösste Freude gewähren, mit Hülfe des Höchsten, endlich im vorliegenden zwölften Theile den Schluss meiner Naturgeschichte der Vögel Deutschlands errungen zu haben, eines Werkes, für das ich mein ganzes Leben gelebt habe.“

Der Hamburger Autor Sebastian Conradt, Jahrgang 1967, ist selbst ein passionierter Seevogelkundler.

GANZ OBEN

Eine hauchdünne Schicht voller Leben: In den obersten Zentimetern der Ozeane existiert eine Gemeinschaft teils bizarrer Geschöpfe, denen Stürme und schädliches UV-Licht nichts anhaben können

Von Susanne Wedlich

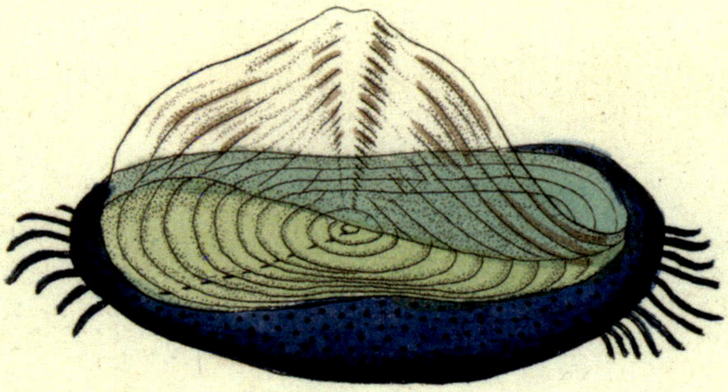

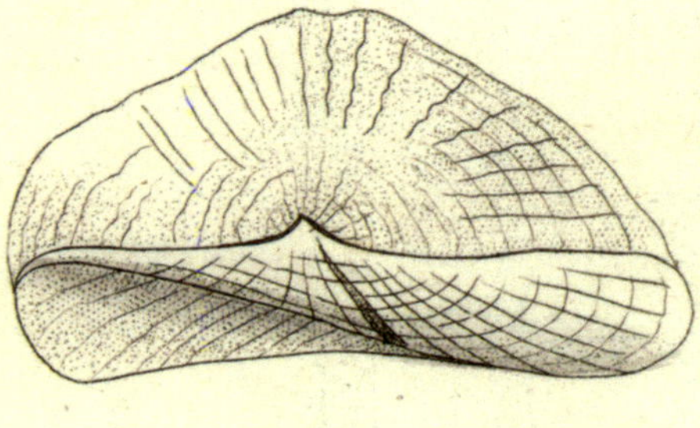

VELELLA

Der flache Körper der Qualle *Velella* (oben und linke Seite) bildet ein Floß mit transparentem Dreieckssegel. So kann sich die Qualle vom Wind treiben lassen. Allerdings führt diese Fähigkeit manchmal in die Sackgasse. Eine steife Brise kann Tausende der Tiere an Land stranden lassen

MEIST MUSS der Mond herhalten, wenn es um das verborgene Leben im Meer geht. Seine Oberfläche sei besser erforscht als die Tiefsee, heißt es dann. Und tatsächlich, in der Tiefsee, von der man ab einer Tiefe von 200 Metern spricht, herrschen Kälte, Dunkelheit und ein extremer Druck. Nur mit hohem technischem Aufwand, verbunden mit enormen Kosten, ist es Forschern möglich, das Leben dort unten zu erkunden. So verwundert es nicht, dass bis heute gerade fünf Prozent der Tiefsee erforscht sein sollen.

Und doch gibt es einen weiteren Bereich der Meere, über den man fast genauso wenig weiß: die obersten Zentimeter der Ozeane. Dort lebt eine Gemeinschaft teils bizarrer Geschöpfe – von räuberischen Meeresschnecken über surfende Insekten bis hin zu Schleim produzierenden Mikroben. Sie alle gehören zum Neuston – so wird die Gesamtheit aller Tiere, Pflanzen und Mikroorganismen genannt, die in der dünnen Schicht direkt unter der Wasseroberfläche lebt.

Bisher hat sich die Forschung nur sporadisch mit dieser geheimnisvollen Welt beschäftigt. Doch seitdem Klimawandel und Meereserwärmung in aller Munde sind, rückt auch das Neuston in den Fokus. Immerhin bedeckt dieses diverse Ökosystem gut zwei Drittel der Erdoberfläche und ist ein wichtiger Teil der Nahrungsnetze. Ebenso fungiert die oberste Meeresschicht als eine Art Schnittstelle zwischen Korallenriff und Tiefsee. Manche Neustontiere finden nämlich erst ausgewachsen den Weg nach oben, während andere dort nur ihre Kindheit verbringen und danach abtauchen. Hinzu kommt der Schleim der Mikroben, der einen Großteil der obersten Meeresschicht überzieht und dabei eine entscheidende Rolle beim Austausch zwischen Atmosphäre und Meer spielt.

Was an der Oberfläche der Ozeane passiert, so weiß man heute, hat globale Bedeutung. Umso bedrohlicher ist es, dass Klimawandel und Umweltzerstörung das Leben und die Prozesse dort oben massiv stören könnten. Dabei haben es die Neustontiere ohnehin schon schwer in ihrer extremen Umgebung, in der sie Wind, Wellengang und eine unerbittliche Sonne mit ihren schädlichen UV-Strahlen sowie starke Temperatur- und Salzgehaltschwankungen aushalten müssen. Wer hier überlebt, ist gut gerüstet, auch wenn dies den fragilen Geschöpfen mit ihren weichen Körpern kaum anzusehen ist.

Eine große Gruppe von Neustontieren bildet die Palette der Blautöne bis hin zum satten Violett ab. Die blaue Körperfarbe ist eine Überlebenstaktik: Wie sonst

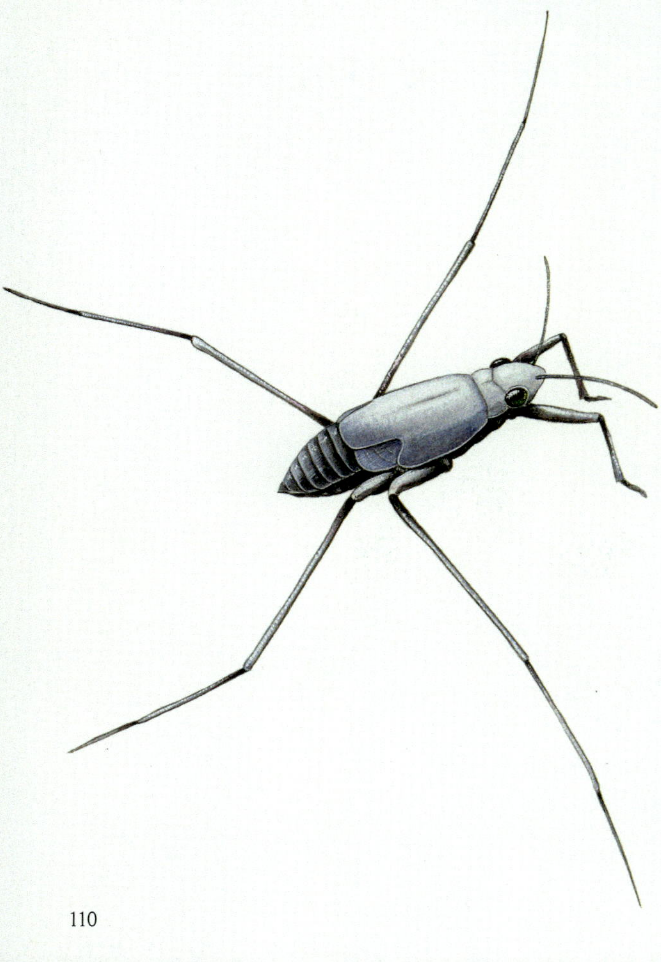

HALOBATES

Der Meerwasserläufer *Halobates* (links und rechte Seite) kann dank seines wasserabstoßenden Körpers mit langen Beinen über die Wellen staksen – als einziges Insekt des offenen Ozeans

sollten sie sich in der blauen Einöde des offenen Ozeans tarnen, wo Angriffe aus der Luft und dem Meer drohen? Die Tiere machen sich als sogenannte Blaue Flotte unsichtbar, indem sie optisch mit ihrer Umgebung verschmelzen.

Niemand verkörpert diese Strategie eindrucksvoller als *Glaucus atlanticus*, der Blaue Seedrache. *Glaucus* ist eine Meeresschnecke, die neustonische Nesseltiere frisst und sich deren Nesselkapseln einverleibt, um sie zur eigenen Verteidigung einzusetzen. Wehrlos ist das zierliche Tier also nicht, aber doch eine leichte Beute, wenn es auf dem Meer treibt und mit dem Bauch nach oben gen Himmel blickt. Diese Seite aber trägt ein Muster aus blauen Streifen, sodass Vögel *Glaucus* kaum ausmachen können. Die Unterseite wiederum ist fahlbleich, damit sich die Silhouette des Tiers nicht vom hellen Himmel abhebt, wenn Prädatoren im Wasser nach oben spähen.

Für *Glaucus atlanticus* ist es dabei nicht einfach, oben zu bleiben. Die Meeresschnecke muss Luft schlucken und auf die Oberflächenspannung des Wassers vertrauen, um nicht in die Tiefe zu trudeln. Andere Neustonarten suchen anderweitig Halt: Die Entenmuschel *Dosima* heftet sich in ihrer Jugend an Treibgut an, die seltene Seeanemone *Actinecta* hängt kopfüber an ihrer schwimmenden Fußscheibe, und die Veilchenschnecke *Janthina* produziert einen raffinierten Schleim, den sie mit Luftblasen aufschäumt und zum Floß aushärten lässt. Ähnlich funktioniert der flache Quallenkörper von *Velella,* der ein Floß mit transparentem Dreieckssegel bildet und sich vom Wind treiben lässt.

Allerdings führt diese Fähigkeit manchmal in die Sackgasse. Eine steife Brise kann Tausende der Tiere zusammenbringen und sie im schlimmsten Fall an Land tragen. Gefährlich ist das glibberige Strandgut für uns Menschen nicht, anders als die ebenfalls oft in Massen angespülten Portugiesischen Galeeren und ähnliche Staatsquallen, die eigentlich weder Quallen noch einzelne Tiere sind. Hier schließen sich Kolonien von Polypen zusammen, die sich unterschiedlich entwickeln, um verschiedene Funktionen zu erfüllen. Es gibt Organe für die Fortpflanzung und die Verdauung, aber auch eine Gasblase, die an der Meeresoberfläche treibt. Wer eine solche erblickt, sollte also gewarnt sein. Unter Wasser befinden sich dann vermutlich mit hochgiftigen Nesseln bestückte Tentakel.

Diese Nesselzellen legen Beutefische lahm, können aber auch Schwimmern und Strandbesuchern gefährlich werden. Todesfälle sind zwar selten, aber der Kontakt mit Staatsquallen löst manchmal schwere allergische Reaktionen und systemische Störungen aus. „Diese Organis-

Lesen Sie bitte weiter auf Seite 116

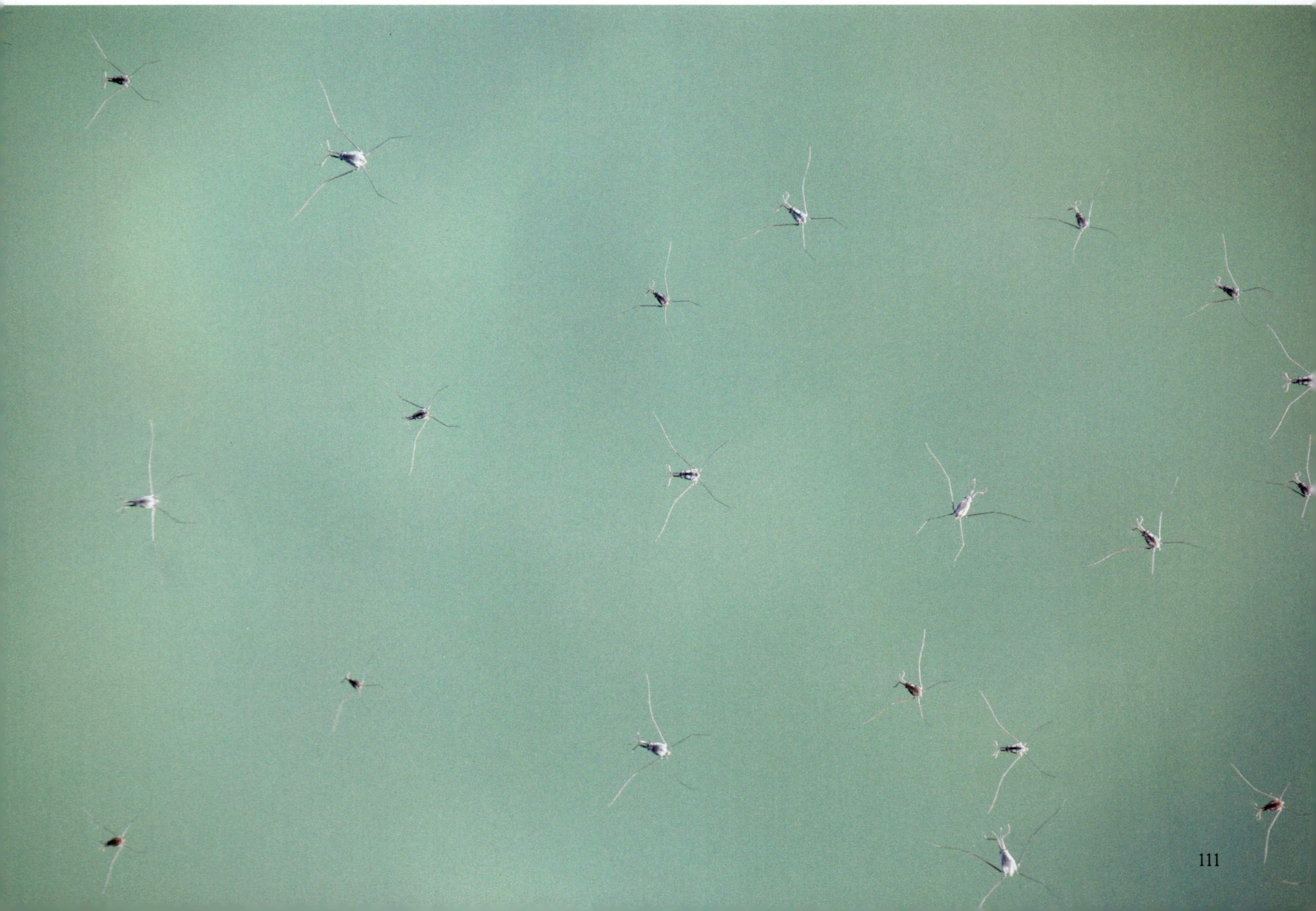

GLAUCUS ATLANTICUS

Glaucus atlanticus (unten und rechte Seite), auch Blauer Seedrache genannt, ist eine Meeresschnecke, die neustonische Nesseltiere frisst und sich deren Nesselkapseln einverleibt, um sie zur eigenen Verteidigung einzusetzen

PORTUGIESISCHE GALEERE

Die Portugiesische Galeere (linke Seite und unten) zählt zwar zu den Staatsquallen, ist aber eigentlich eine riesige Polypenkolonie. Deren Gift kann für Menschen gefährlich sein. So löst der Kontakt manchmal schwere allergische Reaktionen und systemische Störungen aus

men sind häufig in Australien ein Problem für die Menschen", sagt die französische Meeresbiologin Natacha Bourg. „Jedes Jahr müssen deswegen gut 40 000 Menschen verarztet werden."

Im Team mit anderen Forschern untersuchte Bourg über vier Jahre an drei Stränden bei Sydney, was zu den massenhaften Strandungen der Staatsquallen führt. „Aktiv schwimmen können sie ja nicht", sagt Bourg, die erstmals zeigen konnte, welche Umweltfaktoren hier entscheidend sind: Es kommt vor allem auf die Windrichtung und die Form der Küstenlinie an.

Im Zug der Klimakrise könnten sich aber Faktoren wie Winde und Meeresströmungen wandeln. Welche Auswirkungen dies haben kann, konnten Forscher kürzlich an *Halobates*-Arten nachweisen. Das sind Meerwasserläufer, die dank ihrer wasserabstoßenden Körper mit langen Beinen über die Wellen staksen können – als einziges Insekt des offenen Ozeans. Neustonarten sind nicht gleichmäßig verteilt, sondern leben in Ökoregionen mit jeweils eigener Biodiversität. Auch von den Meerwasserläufern weiß man, dass sie in separaten Gemeinschaften leben, unklar war jedoch der Grund für die Trennung. Die Forscher fischten nun Hunderte Meerwasserläufer aus dem Ostpazifik und führten eine Genanlayse durch. Das Ergebnis: Die einzelnen Arten haben sich an verschiedene Meeresströmungen angepasst, nachdem diese als Folge vergangener Umweltkrisen entstanden waren.

Solche Anpassungen sind nicht ungewöhnlich für Meerestiere, aber unerwartet für ein Insekt, das nur an der Oberfläche lebt. Ob *Halobates* bevorzugte Areale im Ozean am Geschmack identifiziert? Dann dürften sogenannte Slicks zu ihren Lieblingsorten gehören – lange und wegen spezieller Oberflächenmoleküle glatte Bänder im Wasser. Strömungen und Gezeiten bringen nahrhafte Partikel sowie die Eier von mehr als 100 Fischarten und anderen Spezies dorthin. Slicks sind Hotspots mit eigener Biodiversität und somit Brutkammern und Kinderstuben, weil die verschiedenen Tierlarven hier Unterschlupf und reichlich Nahrung finden.

Was in den Slicks allerdings ebenfalls akkumuliert, sind Mikroplastikpartikel und Schadstoffe wie Pestizide. Sollten sie die Entwicklung der empfindlichen Larven stören, würden möglicherweise marine Habitate bis in die Tiefsee verarmen. Auch neustonische Prädatoren könnten darunter leiden. *Halobates* beispielsweise sticht Eier und Larven an und saugt sie aus. Gleichzeitig ist der Meerwasserläufer bereits ein Profiteur des Plastikmülls, an dem er bequem seine Eier ablegen kann.

Auch die neustonischen Mikroben könnten zu den Gewinnern der Umweltkrisen gehören, dabei aber möglicherweise eine Kaskade dramatischer Änderungen in Gang setzen. Sie siedeln in der allerobersten und nur maximal einen Millimeter dicken Mikroschicht der Meere – Sea Surface Microlayer genannt – und haben sich an deren ganz eigenen physikalischen und chemischen Bedingungen angepasst. Hier produzieren sie ihren Schleim, der die Oberfläche der Ozeane großflächig überzieht. In den zunehmend wärmeren Meeren könnten sie aktiver werden und mehr Schleim produzieren.

Warum ist das wichtig? Die Ozeane sind Kohlenstoffsenken, nehmen also Klimagase aus der Atmosphäre auf und kön-

ACTINECTA

Die seltene Seeanemone *Actinecta* (links und rechte Seite) hängt ihr Leben lang kopfüber an ihrer schwimmenden Fußscheibe

nen den darin enthaltenen Kohlenstoff über sehr lange Zeit speichern, also entschärfen. Gleichzeitig brauchen wir den Sauerstoff, der in den Ozeanen produziert und in die Atmosphäre abgegeben wird. Jedes Molekül Kohlendioxid, jedes Molekül Sauerstoff sowie andere wichtige Moleküle und Partikel müssen die Schleimbarriere durchdringen. Wird diese dicker, könnten sich diese Abläufe verlangsamen oder anderweitig verändern.

Noch wissen wir zu wenig über die Prozesse in diesen mikrobiellen Gemeinschaften. Doch das ändert sich gerade. Mit wichtigen Details beschäftigt sich etwa die deutsche Meeresbiologin Janina Rahlff von der schwedischen Linné-Universität. In Experimenten untersucht sie, wie Mikroben der Mikroschicht mit den Schichten darunter zusammenhängen. Ein weiteres Themenfeld sind Viren, die im Meer leben. Solche Viren können als Erreger etwa die Populationen von Bakterien massiv beeinflussen. Rahlff will herausfinden, wie „Viren aus der Oberflächenschicht viele Kilometer hoch in die Atmosphäre gelangen und dort mit dem Wasserkreislauf in die Wolken und dann in den Regen kommen“, wie sie sagt.

Es sind also globale Ansätze nötig, um die Oberfläche der Ozeane mit ihrer Biodiversität besser zu verstehen. Die von der Nasa finanzierte Global Ocean Surface Ecosystem Alliance (Go-Sea) möchte genau dafür eine Plattform liefern.

Forscher und auch Privatleute können bei Go-Sea ihre Beobachtungen melden, von Neustonorganismen über Slicks bis zu Plastikabfällen in den Meeren. So sollen große Datenmengen für umfassende Analysen zusammengetragen werden, die auch auf Satellitenaufnahmen zurückgreifen. Es wäre ein scharfer Blick auf einen Planeten, dessen Oberfläche von Leben besiedelt ist, das uns nicht länger fremd bleiben soll.

Susanne Wedlich, Jahrgang 1971, studierte Biologin und freie Wissenschaftsjournalistin in München, war überrascht, wie wenig die Neustontiere erforscht sind. Erst nach und nach setze sich in der Forschergemeinde die Erkenntnis durch, so Wedlich, dass die oberste Meeresschicht ein besonders schützenswertes Ökosystem ist.

mareRadio

Jeden ersten Sonntag im Monat auf Bremen Zwei

GENERATIONEN

Samstag, 9. Dezember 2023, 12.05 Uhr, Bremen Zwei (Wiederholung vom 3. Dezember 2023)

GESCHICHTEN UND ERZÄHLER

Sonntag, 7. Januar 2024, 12.05 Uhr, Bremen Zwei

Vom Logbucheintrag bis zum tausendseitigen Jahrhundertwerk: mareRadio blättert sich durch Geschichten vom Meer und hebt den einen oder anderen literarischen Schatz. Nicht bei allen großen Erzählern ist die Beziehung zum Meer so offensichtlich wie bei Günter Grass und Thomas Mann – bei Franz Kafka etwa ist sie nur abseits der bekannten Romane zu finden. mare Radio taucht ein in die Bibliothek der sieben Meere.

SAMMLUNGEN

Sonntag, 4. Februar 2024, 12.05 Uhr, Bremen Zwei

Ein Griff in den Spülsaum des Meeres war schon für viele Sammler der Startpunkt eines ganzen Lebenswerkes. mareRadio berichtet von Muschelenthusiasten und maritimen Kuriositätenkabinetten, Bordbibliothekaren und der modernen Sucht nach immer exotischeren Pflanzen und Tieren, die übers Meer auch in deutschen Aquarien und Terrarien landen.

Termine

ALKERSUM/FÖHR

Auf das große Westmeer schauend. Der Kulturraum Nordsee im Wandel
Thema der Ausstellung ist, welche Rolle das Meer für die kulturellen Verbindungen zwischen Föhr, dem Norden Deutschlands, den Niederlanden, Dänemark und Norwegen seit je gespielt hat und immer noch spielt. Bis 14.1.2024, Di–So 10–16 Uhr, Museum Kunst der Westküste. www.mkdw.de

BREMEN

Novemberland
Die Weite der norddeutschen Landschaft in ihrer ganzen Melancholie und Kargheit ist das zentrale Thema im malerischen Werk Helmut Feldmanns. Ausstellung bis 21.1.2024, Di–Fr 11–18, Sa, So 11–17 Uhr, Overbeck-Museum. www.overbeck-museum.de

EDINBURGH (GBR)

Rising Tide
Die Ausstellung betrachtet unsere Beziehung zur Umwelt anhand aktueller Antworten australischer und pazifischer Künstler auf Erderwärmung und Plastikmüll. Die Anfälligkeit der ozeanischen Länder für den Klimawandel wird hervorgehoben, während gleichzeitig die Stärke und Widerstandsfähigkeit ihrer vielfältigen Gemeinschaften gezeigt wird. Bis 14.4.2024, täglich 10–17 Uhr, National Museum of Scotland. www.nms.ac.uk

FRANKFURT AM MAIN

Tiefsee und Meeresforschung
Trotz der extremen Lebensbedingungen ist die Tiefsee Heimat für Organismen, die sich auf vielfältige Weise angepasst haben. Völlig neu gestaltete Dauerausstellungsräume machen ihre Lebenswelt nun mit allen Sinnen erfahrbar. Mo–Fr 9–17, Mi bis 20, Sa, So 9–18 Uhr, Senckenberg Museum. museumfrankfurt.senckenberg.de

HAMBURG

Caspar David Friedrich. Kunst für eine neue Zeit
Anlässlich des 250. Geburtstags von C. D. Friedrich präsentiert die Kunsthalle die umfangreichste Werkschau des bedeutendsten Künstlers der deutschen Romantik seit vielen Jahren. Im Mittelpunkt steht die thematisch ausgerichtete Retrospektive mit über 60 Gemälden, darunter ikonische Schlüsselwerke, und rund 100 Zeichnungen sowie ausgewählte Arbeiten seiner Künstlerfreunde. Zentrales Thema ist das neuartige Verhältnis von Mensch und Natur in Friedrichs Landschaftsdarstellung. 15.12.2023–1.4.2024, Di–So 10–19, Do 10–21 Uhr, Kunsthalle. www.hamburger-kunsthalle.de

LÜBECK

Hoffnung am Ende der Welt. Von Feuerland zur Osterinsel
Die Ausstellung nimmt zwei als „Ende der Welt" bekannte Inseln in Augenschein. Herausragende Fotografie über die naturräumlichen Gegebenheiten wird mit Exponaten und historischen Daten über die indigenen Gemeinschaften Chiles und Argentiniens kombiniert. Bis 7.1.2024, Di–Fr 9–17, Sa, So 10–17 Uhr, Museum für Natur und Umwelt. www.museum-fuer-natur-und-umwelt.de

MÜNCHEN

Turner. Three Horizons
Joseph Mallord William Turner gilt bis heute als Erneuerer und Vorreiter der Moderne. Schon früh erkundete er neue Möglichkeiten der Landschaftsmalerei, sowohl im Studium berühmter Vorbilder wie in der Auseinandersetzung mit der Umwelt. Gezeigt werden rund 40 Gemälde sowie 40 Aquarelle und Skizzen aus

Wir freuen uns über Ihre Veranstaltungshinweise:
mare-Termine
Wiebke Böse
Pickhuben 2
20457 Hamburg
E-Mail: termine@mare.de
Redaktionsschluss der nächsten Ausgabe ist der 15. Januar 2024.

allen Schaffensphasen. Bis 10.3.2024, Di–So 10–18, Do, Fr 10–20 Uhr, Lenbachhaus. www.lenbachhaus.de

NEW BEDFORD (USA)
Moby-Dick-Marathon 2024
Der Marathon besteht aus einem 25-stündigen Lesetag, der von unterhaltsamen, von Herman Melville, dem Autor des Weltromans „Moby Dick", inspirierten Aktivitäten unterbrochen wird: Gespräche mit den Wissenschaftlern des Melville Society Cultural Project (MSCP), eine Aufführung des Romankapitels 40 und anderes. Der Marathon zieht Enthusiasten aus aller Welt auf den Museumscampus und zur Online-Lesung. 5.–7.1.2024, New Bedford Whaling Museum. www.whalingmuseum.org

PARIS (FRA)
Océans, l'Odyssée immersive
Die Ausstellung bietet eine Unterwasserreise mit den Augen von Brian Skerry, dem renommierten „National Geographic"-Fotografen. Er verbrachte in 40 Jahren mehr als 10 000 Stunden im Meer, um die Welt unter Wasser zu fotografieren. Seine Bilder führen uns in alle Weltmeere, wo die Fauna aus jedem Blickwinkel zu entdecken ist. Bis 7.1.2024, Mo–Sa 10–13, 14–22, So 10–13, 14–19 Uhr, Atelier des Lumières. www.atelier-lumieres.com

SANTA ANA (USA)
Beyond The Great Wave
Katsushika Hokusai (1760–1849) ist der Künstler hinter der „Großen Welle", einem der berühmtesten Kunstwerke aller Zeiten – und nur eine von schätzungsweise 30 000 Grafiken, die Hokusai in 70 Jahren Karriere schuf. Die Ausstellung zeigt eine breite Auswahl seiner Werke. Bis 7.1.2024, Di–So 10–16 Uhr, Bowers Museum. www.bowers.org

AHRENSHOOP
Halle am Meer.
Strandzone und Naturidyll Ahrenshoop 1892–2023

Ahrenshoop war und ist für Künstler aus Halle (Saale) seit mehr als 100 Jahren ebenso ein Ort der Erholung wie der Inspiration. Ihre Werke zeigen die Auseinandersetzung mit Ahrenshoop, der Ostsee und dem Maritimen bis in die Gegenwart (im Bild: Lothar Zitzmann, „Auf dem Urlauberschiff", 1968). Der kulturpolitisch brisante „Fall Ahrenshoop", in dessen Folge mehrere junge hallesche Maler die DDR verließen, macht deutlich, wie sehr das Meeresmotiv auch mit politischen Implikationen verbunden war.
Bis 7. April 2024, Dienstag bis Sonntag 11 bis 18 Uhr, Kunstmuseum. www.kunstmuseum-ahrenshoop.de

„Wie groß der Effekt ist, können wir aber noch nicht genau sagen.“ *ts*

Scripps Institution of Oceanography, San Diego, USA

Tauchtalente erzeugen Algenblüten

Die Überdüngung von Küstengewässern mit Nährstoffen führt immer häufiger zu Massenvermehrungen mikroskopisch kleiner Algen. Häufig treten solche Blüten bei giftigen Algen auf und führen zum Fischsterben an den betroffenen Küsten. Wissenschaftler der Scripps Institution of Oceanography in San Diego haben jetzt herausgefunden, warum sich ausgerechnet die giftigen Algen, sogenannte Dinoflagellaten, explosionsartig vermehren: Sie sind in der Lage, wie Taucher im Wasser auf- und abzusteigen. Tagsüber schwimmen sie an die Meeresoberfläche, um im Sonnenlicht Fotosynthese zu betreiben. Nachts lassen sie sich absinken, um im tiefen Wasser nahrhafte Stickstoffverbindungen aufzunehmen. „Die Tauchfähigkeit der Dinoflagellaten ist enorm“, sagt Scripps-Ozeanograf Drew Lucas, der zusammen mit seinem Kollegen Bofu Zheng die Wanderung der Einzeller beobachtet hat. „Sie legen in einer Sekunde das Zehnfache ihrer Körperlänge zurück.“ Da sie dieses Tempo über viele Stunden durchhalten, können sie an einem Tag viele Meter zurücklegen. Wie die Forscher im Fachmagazin „PNAS“ schreiben, haben sie gegenüber Algen, die nicht tauchfähig sind, den großen Vorteil, sich perfekt mit Nährstoffen und Sonnenlicht zu versorgen. Entsprechend schnell können sie sich vermehren und Algenblüten bilden. *ts*

Woods Hole Oceanographic Institution, Woods Hole, USA

Golfstrom tatsächlich langsamer

Seit Langem warnen Wissenschaftler vor einem Abschwächen des Golfstroms aufgrund des Klimawandels – mit unabsehbaren Folgen für Europas Klima. US-Forscher der Woods Hole Oceanographic Institution haben jetzt einen der ersten Beweise vorgelegt, dass der Golfstrom tatsächlich an Fahrt verliert. Wie das Team um den Ozeanografen Chris Piecuch im Fachjournal „Geophysical Research Letters“ schreibt, habe sich der Strom an seinem Ursprung in der Floridastraße zwischen Florida und Kuba seit 1982 um vier Prozent verlangsamt. Dieser Trend sei vor allem in den vergangenen zehn Jahren deutlich geworden. Für die Studie wertete Piecuchs Team Tausende Messungen aus den vergangenen 40 Jahren mithilfe von Wahrscheinlichkeitsrechnungen aus. Die Daten stammen von Satelliten, Messstationen und Schiffsexpeditionen. Damit seien die Ergebnisse dreifach abgesichert, sagt Piecuch. Er könne mit 99-prozentiger Sicherheit sagen, dass diese Ergebnisse ein klarer Trend seien. Ob der Klimawandel zur Verlangsamung geführt hat oder natürliche Einflussfaktoren der Grund sind, beantwortet die aktuelle Studie nicht. *ts*

Leibniz-Institut für Ostseeforschung Warnemünde

Tiefe Ostsee erwärmt sich immer stärker

Das Wasser am Grund der Ostsee ist in den vergangenen Jahrzehnten immer wärmer geworden – teilweise sogar wärmer als an der Wasseroberfläche. Das ist das Ergebnis einer Klimasimulation des Instituts für Ostseeforschung Warnemünde (IOW). Wie Leonie Barghorn, Physikerin am IOW, im Fachjournal „Geophysical Research Letters“ schreibt, zeigt der Vergleich der vergangenen 159 Jahre, dass immer öfter im Sommer und frühen Herbst warmes Wasser aus der Nordsee in die tiefe Ostsee gelangt. Grundsätzlich ist der Einstrom von Wasser in die Ostsee ein natürliches Phänomen. Das Nordseewasser ist salziger und dadurch schwerer als das Wasser der Ostsee. Es taucht im Kattegat ab und fließt dann am Grund der Ostsee bis in das knapp 100 Meter tiefe Bornholmbecken. Dort werden jedoch seit den 1990er-Jahren häufiger ungewöhnlich hohe Temperaturen gemessen. Barghorn und ihre Kollegen erklären diese Erwärmung damit, dass der kühle Zustrom im Winter abnimmt, im Sommer hingegen der warme Zustrom zunimmt. Für das Leben in der Tiefe kann das zum Problem werden, weil dort aufgrund von Überdüngung seit vielen Jahren Sauerstoffmangel herrscht. „Der Warmwassereinstrom dürfte diesen Mangel noch verschärfen, weil warmes Wasser weniger Sauerstoff enthält“, so Barghorn.

Universität Bremen und Alfred-Wegener-Institut, Helmholtz Zentrum für Polar- und Meeresforschung, Bremerhaven

Mangan kurbelt CO_2-Transport in die Tiefe an

Algen im Südpolarmeer können viermal so viel Kohlendioxid aufnehmen beziehungsweise zum Meeresboden verfrachten wie bisher angenommen – sofern sie ausreichend mit Nährstoffen versorgt sind. Zu diesem Schluss kommt Biologin Jenna Balaguer von der Universität Bremen und dem Alfred-Wegener-Institut in Bremerhaven. Für gewöhnlich herrscht im Südpolarmeer Nährstoffmangel, weshalb das pflanzliche Plankton nur schlecht gedeiht. Schon länger ist bekannt, dass ihnen Eisen fehlt. Gibt man es ins Wasser, wird das Algenwachstum angekurbelt. Wie Balaguer im Fachjournal „Current Biology“ schreibt, kommt es jedoch nicht allein auf das Eisen an. Sie versetzte das Wasser zusätzlich mit Mangan, wodurch sich das Algenwachstum nochmals verstärkte. Interessanterweise veränderte sich durch das Mangan auch die Algenzusammensetzung. Plötzlich herrschten Algen vor, die große, klebrige Klumpen bilden, die wiederum schnell in die Tiefe absinken. Mit ihnen verschwindet auch das Kohlendioxid, das die Algen während des Wachstums aufgenommen haben. Die neuen Erkenntnisse seien wichtig, so Balaguer, „um künftig den Kohlendioxidtransport in die Tiefe in Klimamodellen besser zu berechnen“. *ts*

Jetzt doppelt Freude schenken!

Mit einer Spendenurkunde zu Weihnachten schenken Sie doppelt Freude. Und Sie können die Welt ein wenig besser machen! Bei Aktion Deutschland Hilft finden Sie das Geschenk, das den Unterschied macht. Das Bündnis von mehr als 20 Hilfsorganisationen unterstützt Menschen in Not weltweit. Mit einer Spende zu Weihnachten schenken Sie neue Hoffnung. Schon mit 105 Euro können wir drei Familien, die vor Krieg und Gewalt fliehen, mit Nothilfe-Paketen versorgen. Legen Sie einfach einen Spendenbetrag Ihrer Wahl fest und tragen Sie Ihre Weihnachtsgrüße ein. Ihre Spendenurkunde erhalten Sie binnen weniger Minuten per E-Mail. Schenken Sie Freude unter:

Aktion-Deutschland-Hilft.de/geschenkurkunde

Eine Spende ist das schönste Geschenk!

Aktion Deutschland Hilft leistet Nothilfe nach schweren Katastrophen und hilft Familien, sich besser zu schützen. Erdbebensicheres Bauen rettet Leben. Getreidespeicher wappnen gegen Hunger. Und Hygieneprojekte bekämpfen Krankheiten und Seuchen. Das verhindert Leid, noch bevor es geschieht.
Helfen Sie jetzt – mit Ihrer Spende zu Weihnachten!

Spendenkonto: DE62 3702 0500 0000 1020 30
Jetzt Förderer werden unter: **www.Aktion-Deutschland-Hilft.de**

action medeor · ADRA · ASB · AWO · care · Habitat for Humanity · Help · Johanniter · Malteser · Der Paritätische · World Vision · ZWST

Aktion Deutschland Hilft
Bündnis deutscher Hilfsorganisationen

Welches Heft fehlt Ihnen noch?

Alle unten gezeigten mare-Ausgaben sind in unserem Shop erhältlich. Bestellen Sie einfach und schnell unter www.mare.de oder kontaktieren Sie uns per Telefon +49/(0)8105/388-103 oder per Fax +49/(0)8105/388-210.

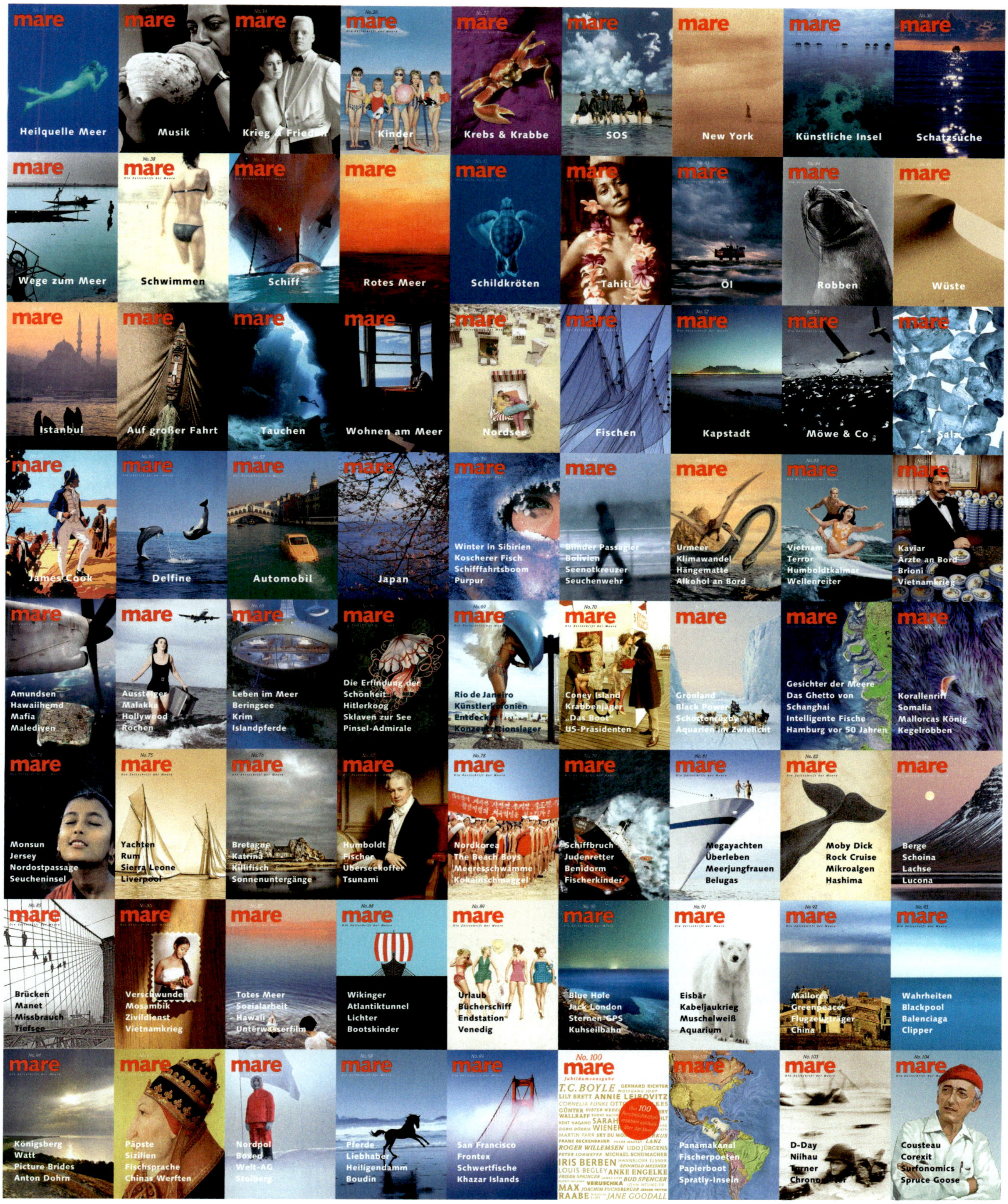

In unserem mareshop unter www.mare.de finden Sie nicht nur sämtliche mare-**Hefte**, -**Bücher**, -**Kalender** und -**Bildbände**, sondern auch passende **Schuber**, unsere beliebten **Badetücher** und viele weitere Produkte. Und wenn Sie vergriffene Hefte suchen oder Platz in Ihrem mare-Regal schaffen wollen, dann schalten Sie doch eine Gratisanzeige in unserem Hafenbasar oder handeln dort mit Ihren gebrauchten Heften.

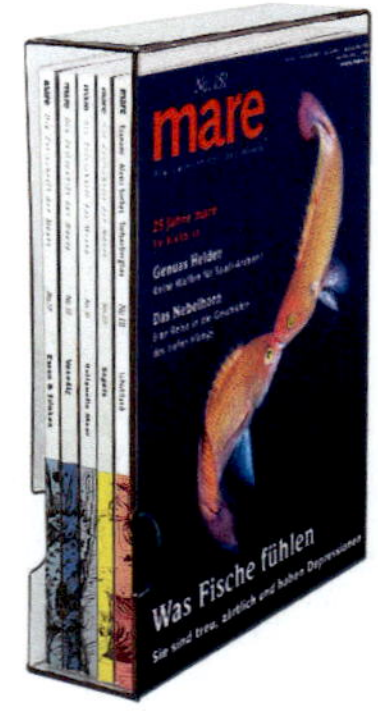

Zum Beispiel:
mare-**Sammelbox** 30 €

Alle Preise zuzüglich Versandkosten (in D pauschal 3,50 €, EU 5 €, übrige Länder 7,50 €). Die Versandkosten entfallen, wenn der Bestellwert den Betrag von 30 € überschreitet (gilt nur für D und A). mare-Hefte sind, soweit nicht vergriffen, zum Preis von 7,50 € (ab No. 74: 8,50 €, ab No. 98: 9,50 €, ab No. 131: 12 €, ab No. 155: 13,50 €), erhältlich.

Ein Wirbel des Säugers wird durch die Wüste Perus transportiert

Paläontologie
Urzeit-Wal rekonstruiert

Vor Kurzem ging das Bild eines wundersamen Lebewesens um die Welt – ein riesiger, länglicher Körper mit einem erstaunlich winzigen Kopf und kleinen, an Ärmchen erinnernden Flossen. Die Rekonstruktion zeigt einen ausgestorbenen Urzeitwal, dessen Überreste in der peruanischen Wüste entdeckt wurden. *Perucetus colossus* wurde er getauft, der „kolossale Wal aus Peru". Wissenschaftlern zufolge ist er möglicherweise das schwerste Tier aller Zeiten. In den vergangenen Jahren hatten die Forscher in mühevoller Arbeit 13 riesige Wirbel, vier Rippen und einen Hüftknochen geborgen. Ein Team um den Paläontologen Eli Amson vom Stuttgarter Naturkundemuseum untersuchte die Überreste und schloss daraus auf die Masse des Tiers. Wie die Forscher in der Fachzeitschrift „Nature" schreiben, soll es vor 39 Millionen Jahren gelebt und schätzungsweise zwischen 85 und 340 Tonnen gewogen haben. Den Forschern liefert der Fund neue Erkenntnisse zur Evolution der Wale. „Für uns ist eines der entscheidenden Ergebnisse unserer Arbeit, dass sich der Übergang zu echtem Gigantismus bei Walen viel früher in der Erdgeschichte entwickelte, als wir bisher dachten", erklärt Amson. Bisher war man davon ausgegangen, dass dies erst vor etwa zehn Millionen Jahren geschah. Mit den extremen Körpermassen passten sich die Tiere an ihren neuen Lebensraum an, als die einst landlebenden Vorfahren heutiger Wale in küstennahe Gewässer zogen. Das extreme Gewicht helfe, den Auftrieb zu regulieren und sich unter Wasser zu halten, so Amson, „ähnlich wie der Bleigürtel bei Tauchern". Ob es sich bei *Perucetus colossus* tatsächlich um das schwerste bekannte Tier der Welt handelt, ist allerdings unklar. Laut „Guinness-Buch der Rekorde" hält diesen Titel bisher ein 190 Tonnen schwerer Blauwal. *cb*

Tourismus
Tiefseepark in Malta

Vor der maltesischen Insel Gozo hat der erste archäologische Tiefseepark der Welt eröffnet. In einer Tiefe von über 100 Metern kann man dort nach Überbleibseln vergangener Zeiten tauchen. Mehrere anerkannte Tauchschulen vor Ort bieten die notwendigen Kurse an. Der Park befindet sich vor der Ortschaft Xlendi und umfasst 67 000 Quadratmeter. Laut der staatlichen Einrichtung Heritage Malta wird das Gebiet bereits seit den späten 1950er-Jahren erforscht. Im Lauf der Zeit brachten Expeditionen etwa Amphoren, Urnen und andere Keramiken zum Vorschein. Wissenschaftler gehen davon aus, dass am Meeresboden noch weitere Fundstücke verborgen sind. Auch untergegangene Schiffe, Flugzeuge und U-Boote liegen vor der maltesischen Küste auf Grund und können bei Tauchgängen erkundet werden. Um sie einer breiteren Öffentlichkeit zugänglich zu machen, hat kürzlich ein virtuelles Museum eröffnet. Über Jahre hinweg wurden die Wracks mit aufwendiger Foto- und Videotechnik erfasst und sind nun als 3-D-Modelle im Internet unter underwatermalta.org zu besichtigen. *cb*

Ernährung
Fake-Lachs aus 3-D-Drucker

Er ist rosafarben wie Lachs, lässt sich in Fasern zerteilen wie das Original – und soll laut Hersteller auch im Geschmack an Fisch erinnern: In österreichischen Supermarktregalen liegt künftig ein veganer Lachsersatz aus Pilzproteinen, der aus dem 3-D-Drucker kommt. „The Filet – Inspired by Salmon" heißt das Produkt, an dessen Entwicklung das Wiener Start-up Revo Foods seit drei Jahren forscht. Er soll nicht nur der Überfischung entgegenwirken, sondern auch weniger Ressourcen verbrauchen als die Zucht des Originals. „Uns geht es darum, die negativen Folgen von Fischerei und Aquakultur zu vermeiden und den Menschen eine nachhaltige Alternative an-

Täuschend echt: veganer Lachs

zubieten", sagt Gründer Robin Simsa. Das Produkt besteht aus rein pflanzlichen Inhaltsstoffen, Gewürze und Aromen wie Algenextrakt sollen den Fischgeschmack imitieren. Für die faserige Struktur sorgt der eigens entwickelte 3-D-Drucker. „Damit können wir nun unterschiedliche Fasern miteinander verbinden – also etwa eine Fett- und eine Proteinfaser", erklärt Simsa. „Das war bisher nicht möglich. Bisher hat man vegane Hamburger oder Nuggets hergestellt, aber nicht so etwas Komplexes wie ein Lachsfilet." Über den Onlineshop des Unternehmens ist das Produkt seit Oktober auch in Deutschland und anderen Ländern erhältlich. *cb*

Biologie

Hotel für Seepferdchen

Im Hafenbecken von Sydney hat das erste „Seepferdchenhotel" der Welt eröffnet: Acht Gitterkonstruktionen aus biologisch abbaubarem Metall wurden auf den Meeresboden hinabgelassen, wo sie 384 jungen Whites Seepferdchen *(Hippocampus whitei)* ein neues Zuhause bieten sollen. Die Tiere wurden zuvor im Aquarium gezüchtet und nun in die freie Wildbahn entlassen. Hintergrund ist ein dramatischer Verlust an Lebensraum. Whites Seepferdchen leben vor der Ostküste Australiens, in Seegras und Weichkorallen finden sie normalerweise Halt. Doch küstennahe Gewässer sind Umweltveränderungen

Seepferdchen im neuen Zuhause

und menschlichen Einflüssen besonders stark ausgesetzt. Hierzu zählen „Ausbaggerungen für Infrastruktur, Ankerplätze, schlechtere Wasserqualität, Auswirkungen des Klimawandels und immer häufigere und heftigere Stürme", so Projektleiter Mitchell Brennan. So wüteten vor Jahren schwere Unwetter, die Seegras und Weichkorallen unter Sand begruben. Um bis zu 95 Prozent ging die Population der Whites Seepferdchen laut einer australischen Studie schon zurück. Seit 2020 stehen sie auf der Roten Liste der bedrohten Tierarten. Mit den „Hotels" will das Sydney Seahorse Project nun künstliche Lebensräume schaffen. An den Käfigen soll sich natürlicher Meeresbewuchs anreichern, sodass ein halb natürliches Riff zurückbleibt, wenn das Metall erodiert. Regelmäßig werden auch Wachstum und Fortpflanzungserfolg der Tiere überwacht. Die Ergebnisse seien bisher sehr positiv, sagt Brennan. Einige Männchen – Seepferdchen gehören zu der einzigen Tiergruppe, bei der die Männchen die Babys austragen – seien bereits in freier Wildbahn trächtig geworden. *cb*

Vor 30 Jahren

Die „American Star" havariert vor Fuerteventura

Es ist noch nicht so lange her, als Fuerteventura mit einer besonderen Sehenswürdigkeit aufwarten konnte: die havarierte „American Star", die vor der Westküste unweit des Strands im Meer lag. Bis in die Nullerjahre war das Wrack ein beliebtes Ausflugsziel – ein Schiff vom Format der „Titanic", zerlegt von Wind und Wellen. Glück hat die 220 Meter lange „America", wie sie ursprünglich hieß, auch zuvor wenig gehabt. Vom Stapel läuft sie am 31. August 1939. Doch mit dem Kriegseintritt der USA wird der Luxusliner zum Truppentransporter umfunktioniert. Er ist danach mal Kreuzfahrtschiff, mal Liniendampfer. Wird schlecht gewartet, auch schlecht gemanagt, immer wieder verkauft. So liegt er schließlich nahe Athen und soll verschrottet werden, ehe sich doch noch ein neuer Besitzer findet. Die „American Star" soll als Hotelschiff vor Phuket in Thailand ankern. Zum Jahreswechsel 1993/94 startet die Reise nach Asien. Ein Schlepper zieht das Schiff. Als die Kanaren erreicht werden, toben dort die typischen Winterstürme. Die Schlepptrosse reißt, der Schlepper fährt davon. Zwei Tage treibt das Schiff vor Lanzarote, dann vor Fuerteventura. Am 18. Januar 1994 läuft es nahe dem Fischerdorf Ajuy auf Grund, liegt zur Hälfte auf einer Sandbank, mit der anderen Hälfte hängt es über einem Meeresabhang. Per Helikopter wird die vierköpfige Mannschaft gerettet. Vielleicht ist es ein Versicherungsbetrug, was nie bewiesen wird. Nach internationalem Seerecht gilt das Schiff nun als Strandgut. Und die Insulaner holen heraus, was zu holen ist: Möbel, Klaviere, Schiffsglocke, Steuerrad, Waschbecken, Klosettschüsseln. Zeitweise ist eine Seilbahn zum Strand gespannt. Später nutzt Spaniens Luftwaffe das Wrack für Schießübungen, nach und nach zerbricht es in kleinere Teile. Die Sturmsaison 2015 erledigt den Rest. Heute ragen bei Ebbe nur noch die Spitzen der Masten aus dem Meer. *fk*

Illustration: Ueli Etter

Der Roboter ahmt die Bewegungen junger Meeresschildkröten nach

Technik

Roboter taucht durch Sand

Zwei Forscher in den USA haben einen bionischen Roboter entwickelt, der sich durch Sand graben und gewissermaßen „hindurchtauchen“ kann. Shivam Chopra und Nicholas Gravish von der University of California San Diego ließen sich von jungen Meeresschildkröten inspirieren, die aus am Strand vergrabenen Eiern schlüpfen und sich dann nach oben wühlen. Der Bot ist 25 Zentimeter lang, stromlinienförmig und mit zwei Armen ausgestattet, die den Vorderbeinen der Tiere nachempfunden sind. Sie lassen sich biegen und strecken und wie beim Brustschwimmen schwingen, um voranzukommen. „Die größte Herausforderung bei der Entwicklung war der Sand selbst“, erklärt Chopra. „Er übt große Kräfte aus, und es ist sehr schwer, sich darin zu bewegen oder Hindernisse zu erkennen.“ Der Roboter wird per WLAN ferngesteuert und kann sich in einer Tiefe von rund 13 Zentimetern horizontal fortbewegen. Höhenruder verhindern ein automatisches Auftauchen nach wenigen Zügen. Vier Meter in der Stunde schafft der Bot derzeit, die Forscher wollen ihn künftig aber noch schneller und beweglicher machen; so soll er irgendwann auch in die Tiefe tauchen können. Einsatzmöglichkeiten gebe es viele, sagt Chopra, etwa zur Inspektion von Getreidesilos, um nach Bodenverunreinigungen zu suchen, oder um den Meeresboden oder die oberflächennahen Bereiche anderer Himmelskörper zu erkunden. Auch bei Such- und Rettungseinsätzen nach Erdrutschen könnte er helfen. *cb*

Umwelt

Bio-Plastik zerfällt im Meer

Die Bioingenieurin Ruirui Qiao hat einen Kunststoff entwickelt, der bei Kontakt mit Meerwasser vollständig in unschädliche Bestandteile zerfällt. Darauf basierend will die chinesische Forscherin binnen fünf Jahren eine neue Produktlinie auf den Markt bringen, die herkömmliches Plastik ersetzt. Kunststoffe bestehen aus sogenannten Polymeren – chemische Verbindungen (Makromoleküle) aus Einheiten, die Monomere genannt werden. Mit einer speziellen Polymerisationstechnik vernetzte die Forscherin bestimmte Monomere zu einem stabilen Plastikwerkstoff. Aus ihm lassen sich im 3-D-Drucker beliebige Teile herstellen, zum Beispiel für medizinische Geräte. „Mit unserer Ringöffnungspolymerisation können wir die molekulare Anordnung und Struktur der Polymere bestimmen“, erklärt die Forscherin vom Australian Institute for Bioengineering and Nanotechnology der University of Queensland. „Dieses Verfahren ermöglicht einen Kunststoff, der sich kontrolliert abbaut, wenn er der Meeresumwelt ausgesetzt ist.“ In einer Umgebung mit relativ niedriger Temperatur, hohem Salzgehalt und sehr wenigen Organismen zersetzt sich das Bioplastik „garantiert innerhalb eines Monats ohne nachteilige Auswirkungen auf die Umwelt“, sagt

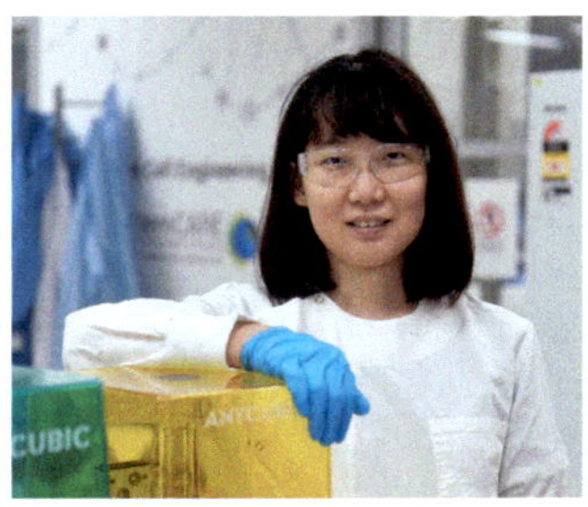

Bioingenieurin Ruirui Qiao

Qiao. „Übrig bleiben nur Kohlendioxid und Wasser.“ Die Vermüllung unserer Meere ist ein wachsendes Problem. „Der neue Kunststoff stellt eine faszinierende Innovation für den maritimen Umweltschutz dar“, urteilt Polymerchemieexperte Xuesi Chen von der Chinesischen Akademie der Wissenschaften. Makromolekularchemiker Joachim Simon von Covestro, einem der führenden Hersteller von Hightechkunststoffen, hält das Fünfjahresziel von Qiao allerdings für ambitioniert. „Vom Labor bis zur industriellen Anwendung ist es ein sehr weiter Weg.“ *jsc*

Leben

Bezos' „Billionaire Bunker“

Die exklusive Insel Indian Creek im Süden Floridas hat einen weiteren prominenten Bewohner. Wie US-Medien berichten, hat sich Amazon-Gründer Jeff Bezos dort eine Villa gekauft. Das 2,8 Hektar große Anwesen mit Pool und drei Schlafzimmern soll 68 Millionen US-Dollar gekostet haben. Aufgrund ihrer Milliardärsdichte ist die künstliche Insel auch unter dem Namen „Billionaire Bunker“ bekannt. Der frühere Footballstar Tom Brady besitzt hier ein Anwesen, ebenso wie Ivanka Trump und Ehemann Jared Kushner. Im Zentrum befindet sich ein großer Golfplatz, um ihn herum säumen Villen das Ufer. Laut der Florida International University zielten die Planer schon in den 1930er-Jahren da-

rauf ab, die Insel zu einer Art Enklave für Reiche und Berühmte zu machen. Rund um die Uhr von Polizeipatrouillen bewacht, ist sie über eine Brücke oder per Boot erreichbar. Nur wer dort wohnt oder von Bewohnern eingeladen wurde, darf sie betreten. 2020 hatte die Gemeinde laut einer Volkszählung 84 Einwohner, die sich offenbar auch politisch weitgehend einig waren: Bei der Präsidentschaftswahl im selben Jahr gingen 42 Stimmen (79 Prozent) an den Republikaner Donald Trump. Der Demokrat und spätere US-Präsident Joe Biden erhielt lediglich elf Stimmen und kam damit auf 21 Prozent. *cb*

Architektur
Schwimmende Stadt

Hightech-Kurort auf dem Meer: So soll „Dogen City“ aussehen

Mit einer schwimmenden Stadt auf dem Meer will das japanische Start-up N-Ark eine Art Zufluchtsort in Zeiten des Klimawandels bauen. Autark und unabhängig von steigenden Meeresspiegeln soll „Dogen City“ 40 000 Menschen Platz bieten – 10 000 ständigen Einwohnern und 30 000 Touristen. Grafiken zeigen eine ringförmige Stadt, die in drei Zonen unterteilt ist. Ein äußerer Wall soll Wohneinheiten beinhalten und die Bewohner vor Unwettern und Tsunamis schützen. Im inneren Bereich sind schwimmende Gebäude, touristische Attraktionen und auch nahrungsproduzierende Unternehmen geplant. Die wohl spektakulärste Zone soll eine Unterwasserebene werden, die vom Meerwasser gekühlt wird und Stadtverwaltung, medizinische Einrichtungen und ein Datenzentrum beherbergt. Offenbar ist es das Ziel, eine Art Hightechkurort zu schaffen: Wie es auf der Website heißt, hätten Touristen und Bewohner täglich Zugang zu Telemedizin und könnten anhand smarter Geräte, Blutproben und Genomanalysen ihren Gesundheitszustand checken. Wird das Projekt tatsächlich realisiert, könnte es den Planern zufolge bis 2030 fertig werden. Investoren sind aber noch nicht gefunden, und auch darüber, was genau da überhaupt entstehen soll, gehen die Meinungen auseinander. Schreibt der österreichische „Kurier“ etwa von einem „Sozialprojekt“, ist „Dogen City“ für die „Süddeutsche Zeitung“ vor allem „eine Arche Noah für vermögende Klimaflüchtlinge“. Warum es auch einen Raketenstartplatz auf der Insel geben soll, wird nicht erklärt. *cb*

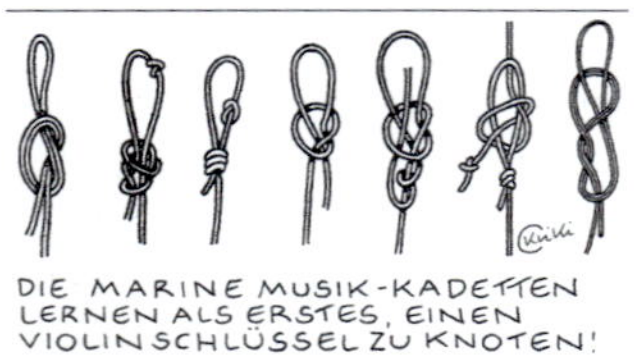

Tierschutz
Vaquitas fast ausgestorben

Zum ersten Mal in seiner Geschichte hat der wissenschaftliche Ausschuss der Internationalen Walfangkommission (IWC) vor dem Aussterben einer Art gewarnt. Wie das Gremium erklärte, leben nur noch etwa zehn Kalifornische Schweinswale, auch Vaquitas genannt, im Golf von Kalifornien vor der mexikanischen Küste. Die rund 200 Forscher fordern daher, das Verbot von Stellnetzen im Lebensraum der Vaquitas konsequent umzusetzen. „Das Aussterben der Vaquitas ist unvermeidlich, wenn nicht sofort alle Stellnetze durch alternative Fanggeräte ersetzt werden“, heißt es in der Erklärung. „Wenn dies jetzt nicht geschieht, wird es zu spät sein.“ Vaquitas gehören mit einer Länge von bis zu eineinhalb Metern und einem Gewicht von 40 Kilogramm zu den kleinsten Walen der Welt. Noch im Jahr 1997 wurden 567 Exemplare gezählt, seither ging ihre Zahl dramatisch zurück. Gefährdet sind sie heutzutage vor allem durch die illegale Jagd auf Totoaba-Fische, mit denen sie sich ihren Lebensraum teilen. Denn das Verbreitungsgebiet der Vaquitas ist klein: nur rund 2200 Quadratkilometer im nördlichen Golf von Kalifornien. Hier leben auch die ebenfalls bedrohten Totoabas. Deren Schwimmblasen sind in China als angebliches Heilmittel begehrt und erzielen Berichten zufolge auf dem Schwarzmarkt höhere Preise als Gold und Kokain. „Da gibt es Nacht-und-Nebel-Aktionen einer mafiaartig organisierten illegalen Fischerei“, erklärt Meeresartenschutzexpertin Heike Zidowitz vom WWF Deutschland. Immer wieder verfangen sich auch Vaquitas in den Stellnetzen und ersticken qualvoll. Zwar wurde bereits eine Schutzzone im Kerngebiet der Wale eingerichtet, doch gibt es immer wieder Verstöße. Zidowitz: „Um die letzten Vaquitas zu retten, muss die mexikanische Regierung noch härter gegen die illegale Fischerei und die organisierte Kriminalität vorgehen. Aber wir befürchten, dass die Tierart vor unseren Augen ausstirbt.“ *cb*

Illustration: Ueli Etter

Impressum

mare

Verleger und Chefredakteur
Nikolaus Gelpke (V. i. S. d. P.)

Stellvertretender Chefredakteur Textchef
Karl Spurzem
spurzem@mare.de

Art Director
Nadja Zobel
zobel@mare.de

Photo Directors
Petra Koßmann, Anastasia Hermann
kossmann@mare.de, hermann@mare.de

Redaktion Leben/Politik
Dimitri Ladischensky
ladischensky@mare.de

Redaktion Wirtschaft/Wissenschaft
Jan Keith
keith@mare.de

Redaktion Kultur
Zora del Buono, Martina Wimmer
delbuono@mare.de, wimmer@mare.de

Redaktion Online
Wiebke Böse
boese@mare.de

Leitung Marketing/Kommunikation
Jan Lehmköster
lehmkoester@mare.de

Vertriebsleitung
Karin Trommer
trommer@mare.de

Buchhaltung
Nicole Steinhauser
steinhauser@mare.de

Organisation
Eva Grünert
gruenert@mare.de

Satz/Lithografie
Andrea Best
best@mare.de

Korrektorat
Susanne Feyke

Druck
Druckhaus Kaufmann

Vertrieb
D-Force-One GmbH
ISSN 1432-928X
ISBN 978-3-86648-450-4

Abonnementvertrieb
QS Quality Service GmbH

ANSCHRIFTEN

Redaktion und Verlag
mareverlag GmbH & Co. oHG
Sandthorquaihof
Pickhuben 2, 20457 Hamburg
Telefon 040/36 98 59-0
Fax 040/36 98 59-99
mare@mare.de, www.mare.de

Redaktionsbüro Berlin
Hagelberger Straße 53/54
10965 Berlin
Art Direction: Telefon 030/612 86 156
Photo Direction: Telefon 030/617 027 34
Redaktion Kultur: Telefon 030/612 806 93
Fax 030/612 806 94

ABONNEMENTSERVICE

mare-Service
Postfach 11 10 11, 20410 Hamburg
service@abo.mare.de
Telefon +49/(0)40/3007-3536, Fax -853536
Jahresabonnement: 67,50 Euro
Studentenabonnement: 60,75 Euro

mare ist stets erhältlich im Bahnhofs- und Flughafenbuchhandel.

mare erscheint im mareverlag GmbH & Co. oHG, HRA 90234, PHG: Dreiviertel Verlag GmbH, HRB 63029, Nikolaus Gelpke

ANZEIGEN

Anzeigenleitung mare
Anke Wiegel
Speersort 1, 20095 Hamburg
Telefon 040/3280-345
anke.wiegel@zeit.de

Lifestyle
Rudigier Consulting
Telefon 089/3742 6655
Mobil 0160/9094 9098
Steinbacherstraße 8, 81675 München
patricia@rudigier-consulting.com

International
iq media marketing gmbh
Gerda Gavric-Hollender
Telefon 0211/887-2343
Toulouser Allee 27, 40211 Düsseldorf
gerda.gavric-hollender@iqm.de

BILD- UND TEXTNACHWEISE

Bildnachweise
(l.: links; r.: rechts; M.: Mitte; o.: oben; u.: unten)
Titel: © Holger Nimtz, www.holge.de; S. 5: Mathias Bothor/Photoselection; S. 6 v.o.l.n.u.r.: © Ekaterina Balaban; Stefano Morelli; Damien Daufresne; © bpk-Bildagentur – Fide Struck (Slg. Thomas Struck); State Archives of Florida, Florida Memory, https://www.florida memory.com/items/show/330266 (Stand: 20.10.2023); Idoia Unzurrunzaga Llach/Hondalea. Donostia/San Sebastian Cityhall; Denis Riek; S. 8/9: mare/Illustration: RB+MKB-Deskkart, Hamburg; S. 12–27: © Ekaterina Balaban; S. 28 (Karte): Peter Palm, Berlin; S. 31: Lavinia Fontana, „Galatea and Cherubs Riding the Stormy Waves on a Sea Monster", c. 1590. Private Collection; S. 32: ullstein bild – Roger Viollet; S. 33: USC Digital Library, Unique identifier: UC1613899, https://doi.org/10.25549/feucht-c35-426; S. 34: USC Digital Library, Unique identifier: UC1614177, https://doi.org/10.25549/feucht-c35-318; S. 35: ETH-Bibliothek Zürich, Thomas-Mann-Archiv/Fotograf: Unbekannt/TMA_0287; S. 36: USC Digital Library, Unique identifier: UC1615264, https://doi.org/10.25549/feucht-c35-631; S. 38–46: Stefano Morelli; S. 49 (Porträt): Elena Marlies; S. 53: Damien Daufresne; S. 54: Rémy Artiges; S. 55 o.: Bruno Boudjelal/Agence VU/laif; S. 55 r.: Françoise Nuñez, Courtesy Galerie Camera Obscura; S. 56/57: © Philip Blenkinsop/VII; S. 58 und 59: Hiroshi Sugimoto, Courtesy of the artist and Marian Goodman Gallery; S. 60: Françoise Huguier/Agence VU/laif; S. 61 o.: Laure Tiberghien, © VG Bild-Kunst, Bonn 2023; S. 61 r.: Bernard Plossu/Signatures; S. 62: Gilbert Bellan, Courtesy of family Bellan; S. 64: Olivier Marchesi; S. 65: Bruno Boudjelal/Agence VU/laif; S. 66: Vanessa Winship/Agence VU; S. 69 (alle): © Darren Jew; S. 70: Johann Strumper/Archiv: Bernd Nasner; S. 71–74: © bpk-Bildagentur – Fide Struck (Slg. Thomas Struck); S. 75: Mathias Bothor; S. 76/77: State Archives of Florida, Florida Memory. https://www.floridamemory.com/items/show/330266 (Stand: 20.10.2023); S. 78 o.: State Archives of Florida, Florida Memory. https://www.floridamemory.com/items/show/147029 (Stand: 20.10.2023); S. 78/79 u.: Library of Congress, Prints and Photographs Division, Washington, D.C., Reproduction Number: LC-DIG-ds-04228; S. 79 o.: mauritius images/Southern Photo Archives/Alamy Stock Photos; S. 80: mauritius images/Piemags/DCM/Alamy Stock Photos; S. 81: Library of Congress, Prints and Photographs Division, Washington, D.C., Control Number: fl0212; S. 82 l.: State Archives of Florida, Florida Memory. https://www.floridamemory.com/items/show/331479 (Stand: 20.10.2023); S. 82 r.: State Archives of Florida, Florida Memory. https://www.floridamemory.com/items/show/149535 (Stand: 20.10.2023); S. 83: Courtesy of Key West Art & Historical Society; S. 85 (Illustration): Orlando Hoetzel; S. 86: Idoia Unzurrunzaga Llach/Hondalea. Donostia/San Sebastian Cityhall; S. 87 und 89: Daniel Schäfer; S. 90: José Luis López de Zubiría; S. 91: Gorka Lejarcegi; S. 92/93 (Ausschnitt): Christopher Richard Wynne Nevinson, Photo © Bonhams, London, UK/Bridgeman Images S. 93 (Porträt): Hulton Deutsch/Getty Images; S. 94 (beide): Daniel Michael Kaiser; S. 101 (Porträt): Mathias Bothor/Photoselection; S. 103 (Titelbild): Nick Cobbing; S. 103 u.: Kev/Adobe Stock; S. 104/105: Public Domain, https://www.doria.fi/handle/10024/149404 (Stand: 25.10.2023); S. 106: Public Domain, https://de.wikipedia.org/wiki/Johann_Friedrich_Naumann (Stand: 25.10.2023); S. 108: Denis Riek; S. 109: © Florilegius/Bridgeman Images; S. 110: © NPL – DeA Picture Library/Bridgeman Images; S. 111: mauritius images/Bazzano Photography/Alamy Stock Photos; S. 112: Antonio Camacho/Getty Images; S. 113: © Florilegius/Bridgeman Images; S. 114: © Purix Verlag Volker Christen/Bridgeman Images; S. 115: Solvin Zankl; S. 116: Denis Riek; S. 117: Public Domain, https://commons.wikimedia.org/wiki/Category: Actinecta_cyanea (Stand: Oktober 2023); S. 118: mauritius images/Keystone Press/Alamy Stock Photos; S. 119 (Kasten): Punctum/Bertram Kober, © VG Bild-Kunst, Bonn 2023; S. 119 o.: Paolo Verzone/Agence VU/laif; S. 124–127 (Illustration unten): Ueli Etter; S. 124 o.: picture alliance/Associated Press/Giovanni Bianucci; S. 124 u.: Revo Foods; S. 125 l.: Dr. David Harasti; S. 125 (Kasten): picture alliance/ZB/Karlheinz Schindler; S. 126 o.: UCSD Jacobs School of Engineering/David Baillot; S. 126 u.: AIBN/The University of Queensland; S. 127 (Illustration): Kriki/Christian Groß; S. 127 o.: 2023 N-ARK Inc. All Rights Reserved; S. 128: Heike Ollertz/Agentur Focus; S. 129 (Illustration): Sophy Hollington; S. 130: Lars Henkel; Heftrücken: Conny Bangert.

Textnachweise
S. 30 l.: Marie Eugenie Delle Grazie, „Nereïden", aus: „Italische Vignetten", Breitkopf und Härtel, Leipzig, 1892; S. 30 r.: Theodor Fontane, „Oceane von Perceval. Entwurf zu einer Novelle", aus: „Tuch und Locke. Erzählungen aus dem Nachlass", Reclam, Stuttgart, 1966.

Der Abonnementauflage von mare sind Beilagen des Klassik Festival, Plan International e.V. und Der Freitag hinzugefügt. Wir bitten um freundliche Beachtung.

ClimatePartner
klimaneutral
Druck | ID 11061-1707-1001

mare wird klimaneutral hergestellt und an die Abonnenten in einer kompostierbaren Biofolie versendet.

Vorschau

mare *No. 162*

ab 6. Februar im Zeitschriften- und Buchhandel

Februar/März 2024

Mit Walen sprechen

Es ist ein Vorhaben, das unser Leben revolutionieren könnte: Wissenschaftler am MIT in Boston und anderen Instituten arbeiten gerade daran, uns mit Walen sprechen zu lassen – mithilfe von KI. Sie haben das Projekt „Cetacean Translation Initiative“ (CETI) ins Leben gerufen und versuchen, die Klicklaute und Gesänge von Pottwalen zu übersetzen. Laut den Forschern stehen große Durchbrüche bevor.

Weitere Themen im Heft

Fähre mit Kultstatus
Einst gegründet von einem blinden Passagier aus Bombay, ist die „Star“ Ferry heute Hongkongs schwimmendes Wahrzeichen.

Nordostpassage
Der Klimawandel macht sie immer länger eisfrei. Aber ist die Route entlang der Arktis wirklich der Handelsweg der Zukunft?

Eiersammler in Papua-Neuguinea
Die Eier des Bismarckhuhns gelten in Papua-Neuguinea als Delikatessen. Doch nach ihnen zu suchen ist lebensgefährlich.

Der in Rom geborene, heute in Berlin lebende Illustrator Lars Henkel deutete für mare das Chanson „Miroir de la nuit“ der Berliner Sängerin und Schauspielerin Meret Becker von 2001. Die vielseitige Künstlerin meistert von Theater über Arthouse und TV-„Tatort“ bis zu Texten, Komponieren und Gesang mehrere Genres. Im zweisprachigen „Spiegel der Nacht“ schafft sie mit reduziertem Sprechgesang und minimalistischer Orgelbegleitung einen somnambulen, trancehaften Gefühlsraum, in dem sich das Meer nächtens verwandelt. „Der riesige schwarze schlund schlummert / satt, er hat sie alle verschluckt: / den weißen wal, sirenen und alle piraterien / genau wie die schwarzen löcher […] goldener bernstein, seestern, perlmuttglanz / fliegende fische in allen farben / lassen uns ahnen, was sich dort unten verbirgt / behütet im spiegel der nacht.“